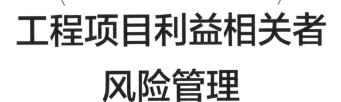

工程项目利益相关者风险管理

Management of Stakeholder-Related Risks in Construction

夏妮妮 著

中国建筑工业出版社

图书在版编目（CIP）数据

工程项目利益相关者风险管理 = Management of Stakeholder-Related Risks in Construction / 夏妮妮著. —北京：中国建筑工业出版社，2023.5
ISBN 978-7-112-28793-2

Ⅰ.①工… Ⅱ.①夏… Ⅲ.①工程项目管理—风险管理 Ⅳ.①F284

中国国家版本馆CIP数据核字（2023）第101388号

本书从整合利益相关者理论要素、风险管理与评估要素的视角，构建了工程项目利益相关者风险的管理准则、框架和评估方法。遵循"检验现有理论—构建管理框架—发展评估模型"的路径，内容包括：识别风险管理与利益相关者管理关联与整合模式、构建项目战略利益相关者风险管理框架以及发展考虑利益相关者属性影响的利益相关者风险量化评估模型。

本书可作为高等院校工程管理、项目管理等专业研究生及建筑行业从业人员的参考用书。

责任编辑：张　晶　牟琳琳
书籍设计：锋尚设计
责任校对：芦欣甜
校对整理：张惠雯

工程项目利益相关者风险管理
Management of Stakeholder-Related Risks in Construction
夏妮妮　著

*

中国建筑工业出版社出版、发行（北京海淀三里河路9号）
各地新华书店、建筑书店经销
北京锋尚制版有限公司制版
建工社（河北）印刷有限公司印刷

*

开本：787毫米×960毫米　1/16　印张：7½　字数：111千字
2023年5月第一版　　2023年5月第一次印刷
定价：**45.00**元
ISBN 978-7-112-28793-2
（41242）

版权所有　翻印必究
如有内容及印装质量问题，请联系本社读者服务中心退换
电话：（010）58337283　QQ：2885381756
（地址：北京海淀三里河路9号中国建筑工业出版社604室　邮政编码：100037）

前言

所有的工程项目都存在风险。工程项目涉及的风险通常威胁项目目标的实现，导致成本超支、工期延误等。随着科学技术的进步，工程项目的技术性风险相对减少，而工程项目中日益增多的、复杂的利益相关者成为威胁风险的主要来源，一方面是来自项目主体的风险，包括参与项目活动的项目主体之间的冲突和争端、沟通不足等，另一方面是来自项目外部相关方的风险，包括受项目影响的居民以及公众的抗议和反对等。

与技术等客观风险不同，利益相关者风险的来源是利益相关者（个人、群体或组织），因此具有主观性、非随机性、发生机理复杂等特点，这导致项目实践管理面临很大的不可控和不确定。相比于技术风险，理论界对人为风险的认知和管理也缺乏深入研究。因此，发展利益相关者风险管理与评估的理论、框架、方法和工具是项目管理实践和理论研究的双重需要。风险管理和利益相关者管理作为项目管理的必要领域，在管理原则、过程、分析和评估方法等方面有很多共同点，并且由于利益相关者风险的来源是利益相关者，利益相关者的管理和属性会对利益相关者风险的管理和属性评估产生影响。因此，本书从整合利益相关者理论要素、风险管理与评估要素的角度，遵循"检验现有理论—构建管理框架—发展评估模型"的研究路径，旨在构建工程项目利益相关者风险管理框架与评估方法，以推动理论发展、提升实践管理水平。

具体而言，本书的研究内容及发现包括以下几点。

（1）本书采用系统文献法分析了79篇相关文献，识别出了工程项目风险管理与利益相关者管理的四种关联模式：基于利益相关者识别的风险过程管理、内部利益相关者在风险管理过程中的主体地位和能力、管理利益相关者在风险问题上的差异以及风险管理、利益相关者管理与项目绩效的关系。在识别出风险管理与利益相关者管理关联模式的基础上，本书进一步论证了可以从整合视角提高风险管理和利益相关者管理的有效性：两者的管理过程可以整合，并且这种整合可以促进风险管理（或利益相关者管理）过程以及结果两个维度的有效性。

（2）从利益相关者视角界定了项目的概念："项目是由内外部利益相关者构成的关系网络集合，这些利益相关者由于对项目活动有利益依赖或者关注项目活动而影响项目"。基于此概念，本书进一步提出了实施项目利益相关者风险管理的两个核心准则：业主项目战略以及对工程项目伦理与社会风险的关注。基于《战略管理：利益相关者方法》，构建了工程项目的战略利益相关者风险管理框架，该框架从理性层面、程序层面、交易层面和监督系统四个方面阐述了战略利益相关者风险管理的内涵和关键问题。

（3）以工程项目为分析单位，通过118个样本问卷数据分析发现，承包商感知到的自身重要性、承包商项目立场都显著影响承包商自身风险的严重性，即承包商感知到的来自业主给予的重要性越大、承包商对项目的态度越积极，承包商风险的严重性越小。因此，利益相关者属性会影响利益相关者风险严重性，利益相关者风险评估不仅需要考虑传统风险评估模型的风险发生概率和后果影响大小，也应该考虑利益相关者自身属性的影响。在此基础上，构建利益相关者风险评估量化模型，将利益相关者属性量化并整合到风险属性分析中。

本书由国家自然科学基金青年项目（72002030）、江苏省自然科学基金青年项目（BK20200383）、教育部人文社会科学基金青年项目（20YJCZH183）以及江苏省品牌专业（工程管理）建设工程项目资助。

目录

第 1 章　绪论

1.1　工程项目的风险管理与利益相关者管理 …………………… 2

1.2　工程项目的利益相关者风险管理现状与未来框架设计 …… 4

1.3　理论创新与实践价值 ………………………………………… 6

第 2 章　理论基础

2.1　风险管理 ……………………………………………………… 10

2.2　利益相关者 …………………………………………………… 13

第 3 章　风险管理与利益相关者管理的关联与整合模式

3.1　系统文献综述法 ……………………………………………… 21

3.2　文献描述性分析 ……………………………………………… 24

3.3　当前研究主题：风险管理与利益相关者管理关联模式 …… 28

3.4　未来研究方向：风险与利益相关者
　　　整合管理以提高管理有效性 ………………………………… 33

3.5　本章小结 ……………………………………………………… 39

第 4 章　利益相关者风险管理框架：战略利益相关者方法

4.1　组织战略管理的利益相关者方法 …………………………… 43

4.2　为什么利益相关者理论和方法适合并且
　　　将推动工程项目风险管理 …………………………………… 45

4.3 项目战略利益相关者风险管理框架 …………………… 50
4.4 本章小结 ………………………………………………… 58

第 5 章 利益相关者风险评估方法：
利益相关者属性对其风险严重性的影响

5.1 理论分析与假设提出 ………………………………… 63
5.2 基于承包商的实证分析 ……………………………… 69
5.3 利益相关者风险评估方法 …………………………… 81
5.4 本章小结 ……………………………………………… 89

附录 ……………………………………………………… 92
参考文献 ………………………………………………… 97

第 1 章 绪论

1.1　工程项目的风险管理与利益相关者管理

风险管理与利益相关者管理都属于项目管理的十大领域。工程领域的主流研究认为风险是"一种不确定事件或状态,一旦发生,会对项目目标造成积极或消极的影响"。而风险管理的目标则是提高积极影响的概率和大小、降低消极影响的概率和大小。为实现这个目标,通常采用的风险管理流程包括搜集信息、制定风险管理计划,风险识别与分类,风险分析与评估,风险应对,风险控制等阶段。其中风险分析与评估是风险管理流程的核心阶段,通常包括风险事件的前因后果分析以及风险严重性评估,为风险决策提供信息。

工程领域的研究普遍接受美国项目管理协会关于风险的定义,但是利益相关者这个概念的定义在工程项目研究,甚至在项目管理研究中目前都不清晰。利益相关者概念起源于斯坦福研究院,而关于利益相关者概念的讨论一直是利益相关者研究的热点。利益相关者概念的界定有两个方向,一是以Freeman为代表的宽泛利益相关者定义,二是以Clarkson等学者为代表的狭窄利益相关者定义。对于工程项目而言,宽泛利益相关者定义是更为合适的。这主要是因为工程项目有广泛的经济、社会影响,牵涉众多不同利益相关者群体,一旦忽略某个群体就可能导致影响广泛的负面后果。本书采用美国项目管理协会关于利益相关者的宽泛定义:利益相关者是任何能够影响项目目标实现,以及会受或自认为会受项目目标实现影响的个人、群体和组织。这个定义表明利益相关者既包括实际存在的,也包括潜在的,与Freeman对利益相关者的经典定义的观点相一致。尽管利益相关者是无法被识别完全的,但是宽泛的利益相关者定义可以避免人为地或无意识地遗漏某些潜在利益相关者,这意味着项目的利益相关者也包括那些在管理者看来没有合法权益但是利益相关者自身却认为其对项目有合法利益诉求的群体。宽泛利益相关者定义有助于预防来自这些群体的无法预测的风险。

不同利益相关者群体对项目的态度会存在差异，可能是非常支持项目目标，也可能是非常反对项目目标。不同利益相关者群体在项目中的利益、关注点、诉求也可能存在差异，甚至是冲突。利益相关者管理的目标包括识别、解决利益相关者的诉求，减轻、避免冲突，以及赢得他们的支持等。工程项目中，利益相关者管理过程通常包括搜集信息、制定利益相关者管理计划，利益相关者识别与分类，利益相关者分析与评估［采用定性、定量方法分析评估利益相关者的属性（比如利益、关注点）以及他们之间的关系或网络］，制定利益相关者管理策略和计划，以及实施、控制和调整早期的策略和计划。

工程项目中，风险管理和利益相关者管理的相似点如图1-1所示。首先，风险、利益相关者的概念存在以下共同点：①风险、利益相关者都是

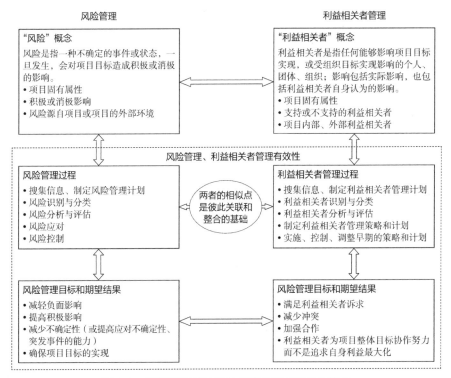

图1-1　工程项目风险管理与利益相关者管理相似点

工程项目本身的固有属性，并且都会影响项目目标的实现；②风险、利益相关者都具有双面特性，对项目可能造成积极的或消极的影响；③风险、利益相关者问题都有可能来自项目本身或项目之外的环境。其次，在管理过程方面，都涉及"识别、分类、分析、评估、应对、控制"等要素。最后，风险管理的目标和期望结果包括减轻负面影响、提高积极影响、减少不确定性（或提高应对不确定性、突发事件的能力）、确保项目目标的实现等。类似地，利益相关者管理的目标和期望产出包括满足利益相关者诉求、减少冲突、加强合作、不同利益相关者为项目整体目标协作努力而不是追求自身利益最大化等。

1.2 工程项目的利益相关者风险管理现状与未来框架设计

所有的工程项目都存在风险。从"风险"的定义来看，实际情境、活动中的风险可能是积极的、正面的（机会），也可能是消极的、负面的（威胁）。但是，工程项目涉及的风险通常威胁项目目标的实现，导致成本超支、工期延误等。随着科学技术的进步，工程项目的技术性风险相对减少，而工程项目中日益增多的、复杂的利益相关者成为威胁风险的主要来源，研究进一步指出项目主体是工程项目失败的主要原因，包括参与项目活动的项目主体之间的冲突和争端、沟通不足等。除了项目主体，项目外部相关方也会对项目的目标造成影响，包括受项目影响的居民以及公众的抗议和反对。

传统工程项目风险管理更倾向技术等客观风险，其风险严重性通常通过风险事件发生的概率和可能产生的后果影响大小来评估。传统风险管理与评估假定风险的发生都是随机的，符合某种概率分布。但是，与技术等客观风险不同，利益相关者风险的来源是利益相关者（个人、群体或组织），因此具有主观性、非随机性、发生机理复杂等特点，这导致项目实践管理面临很大的不可控和不确定。相比于技术风险，理论界对人为风险的认知和管理也缺乏深入研究。因此，发展利益相关者风险管理与评估的理论、框架、方法和工具是项目管理实践和理论研究的双重需要。

　　风险管理和利益相关者管理作为项目管理的必要领域，在管理原则、过程、分析和评估方法等方面有很多共同点，并且由于利益相关者风险的来源是利益相关者，利益相关者的管理和属性会对利益相关者风险的管理和属性评估产生影响。因此，本书从整合利益相关者理论要素、风险管理与评估要素的角度，遵循"检验现有理论—构建管理框架—发展评估方法—提出管理策略"的研究路径，旨在构建工程项目利益相关者风险管理框架与评估方法，以推动理论发展、提升实践管理水平，整体研究框架如图1-2所示。本书所指的利益相关者风险是指"与利益相关者个体行为或者利益相关者互动有关的不确定事件或状态，一旦发生，会对项目目标造成积极或消极的影响。"此概念是基于项目风险的经典概念，以及利益相关者在组织情境和项目情境的经典概念。

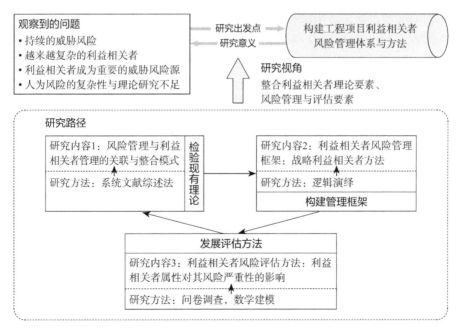

图1-2　本书核心内容框架

1.3 理论创新与实践价值

如前所述，本书的研究目的和内容是基于工程项目理论和实践层面的诉求，因此，研究成果也将产生理论与实践意义。

总而言之，本书以工程项目利益相关者风险为研究对象，从整合利益相关者理论要素、风险管理与评估要素的视角，实现了利益相关者风险管理思路、管理框架和评估方法的创新，丰富了工程项目风险研究。此外，本书以风险管理为切入点拓展和深化了利益相关者理论在（工程）项目情境中的研究，并促进了风险管理和利益相关者管理这两个项目管理重要领域的整合。具体的理论贡献体现在以下两个方面：

1. 工程项目风险管理与评估的理论和方法创新

工程项目研究领域关于风险管理与评估的理论和方法成果丰富，但是已有研究侧重客观风险，与利益相关者风险相关的理论和方法却很少。本书以利益相关者风险为研究对象，从一般风险概念里区分出利益相关者风险、界定了利益相关者风险的概念。在此基础上，识别了风险管理与利益相关者管理的关联模式，并论证了两者的关联可以促进彼此管理的有效性；构建了针对利益相关者风险的战略管理框架；依据利益相关者属性对利益相关者风险严重性的影响路径和方式，提出了利益相关者风险评估模型。因此，本书在工程项目利益相关者风险研究这个领域实现了理论和方法的创新，也因此丰富了工程项目风险研究。

2. 利益相关者理论适用边界的拓展

利益相关者概念在项目情境中已经得到很多应用，但是本书通过文献综述方法系统识别出利益相关者管理与风险管理在工程项目管理中的关联模式，将战略管理的利益相关者方法应用到工程项目风险管理这个特定领域，并且将经典利益相关者属性分析与风险属性结合以衡量风险严重性。因此，本书拓展和深化了利益相关者理论在项目风险管理领域中的应用，启发更多项目情境下的利益相关者问题探究。

风险管理及利益相关者管理是项目管理的重要领域，本书对工程项目中这两个领域的实践管理提供了方向、思路和方法的启示，具体实践意义体现在以下两个方面：

1. 为工程项目利益相关者风险的管理提供方向和方法

工程项目频繁受到来自利益相关者风险的威胁和阻碍，但是实践管理中仍缺乏有效的管理准则和方法，利益相关者风险依旧普遍。为此，本书从整合利益相关者管理及理论要素的角度，为实践中利益相关者风险的管理提供了一个可行的管理框架和方向：基于《战略管理：利益相关者方法》①构建的战略利益相关者管理框架。鉴于风险评估对风险管理的重要性，本书发展了考虑利益相关者属性的利益相关者风险评估方法，该方法简便、易于操作，便于管理者量化、排序利益相关者风险的严重性，进而有助于利益相关者风险管理决策。

2. 为工程项目利益相关者管理提供新的思路

利益相关者管理已成为项目管理者面临的一个巨大挑战，美国项目管理协会（PMI）于2013年在其原来九大项目管理领域的基础上，纳入了利益相关者管理作为项目管理的第十大领域。本书论证了利益相关者管理和风险管理的整合可以促进彼此管理过程和管理结果的有效性，战略利益相关者管理框架也可以与风险管理有机结合形成战略利益相关者风险管理框架。此外，本书还从风险严重性角度论证并拓展了利益相关者分析在项目管理中的作用。这些都为工程项目的利益相关者管理提供了新的思路。

---

① Freeman R E. Strategic Management: A Stakeholder Approach [M]. Cambridge: Cambridge University Press, 1984.

第 2 章　理论基础

本书的理论基础主要来源于两大领域的研究：风险管理、利益相关者。本书将这两个领域的研究分为两类。第Ⅰ类为特定情境研究，即基于风险管理（或利益相关者）理论来解决特定情境、活动（如工程项目）的风险（或利益相关者）问题。第Ⅱ类为一般情境研究，即致力于发展一般性的、适用于更广泛情境、活动的利益相关者（或风险管理）理论，包括概念、准则、方法等方面。这两类研究没有严格的界限，某个领域的一些Ⅰ类研究成果也可以推动该领域的一般性理论发展，Ⅱ类研究也通常是Ⅰ类研究的基础，这两类研究则共同构成了某个领域的理论研究基础（图2-1）。本章介绍一般情境下风险管理、利益相关者的理论基础，并且介绍工程项目或项目这个特定情境的理论进展。

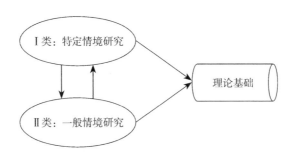

图2-1 风险管理（利益相关者）领域的研究基础来源示意图

2.1 风险管理

2.1.1 风险研究

风险与风险评估的概念可以追溯到非常久远的年代。2400多年以前，雅典人已经展现了他们在作决定之前评估风险的能力。而风险研究作为一个独立的科学领域的时间却相对较短，开始于20世纪70~80年代。工程项目研究中风险的概念出现于20世纪60年代，而风险研究作为一个独立领域的时间与一般情境风险研究大致相同，开始于20世纪80年代。简而言之，风险研究是关于人类"理解世界（与风险有关），如何以及应该如何理解、评估、管理世界（与风险有关）"的一个科学领域。风险研究的对象可以是风险管理与评估过程中的某个或某些要素。风险研究学科和领域的两个基本任务，一是研究和应对特定情境、活动中的风险；二是开展一般风险研究，发展用以解决一般风险问题的概念、理论、准则、方法和工具。以下重点介绍风险界定与评估、风险管理准则（策略）与过程，包括一般情境风险研究领域和工程项目研究。

2.1.2 风险界定与评估

在已有研究的基础上，风险社会组织（Society for Risk Analysis，简称SRA）总结了一般情境风险研究中常用的风险定义：①不幸事件发生的可能性；②一个事件造成负面后果的可能性；③面临不确定事件（比如损失）；④事件的后果以及后果的不确定性；⑤一个事件后果的不确定性和严重性（严重性相对于预期、参考价值而言，比如计划的目标）；⑥一个事件可预见的后果以及后果是否出现的不确定性；⑦预期、参考价值的偏离以及偏离的不确定性。在界定风险概念时，一般情境风险研究常常将风险与事件的后果联系起来，这后果通常是与预期、参考价值相关，并且关注消极、负面的后果。工程项目研究中，广泛使用的是美国项目管理协会的风险定义：风险是一种不确定事件或状态，一旦发生，会对项目目标造成积极或消极的影响。虽然美国项目管理协会的风险定义考虑了风险积极（机会）、消极（威胁）的两面属性，即一个事件可能造成积极、正面的后果，也可能造成消极、负面的后果。但是一般风险研究和工程项目研究都主要关注消极、负面的后果。

风险评估是指描述、测量风险严重性。描述测量风险严重性的标准和方法很多，比如：①后果的概率、影响大小结合；②三维表示（s_i, p_i, c_i），s_i表示第i个情境，p_i表示这个情境的概率，c_i表示这个情境的后果；③三维表示（C, Q, K），C表示既定的后果，Q表示这个后果的不确定性（通常用概率表示），K表示后果和不确定判断所依据的知识；④预期的后果（损失或损害），比如一定时间段内或单位暴露时间内的预期死亡数量；⑤损害发生的可能性分布（比如三角可能性分布）。Taroun（2014）对工程项目研究中的风险评估模型综述后发现，后果的发生概率和影响大小结合（"概率-影响"模型）是工程项目风险评估的主要模型。

2.1.3　风险管理准则与过程

风险管理准则（策略）与风险管理过程是风险管理的两大支柱。常用的风险管理策略有以下三种：

（1）风险知情策略（Risk-Informed Strategy）。该策略下的风险应对措施主要有风险规避、风险减轻、风险转移和风险保留。这些措施的决策与风险评估是相对分离的过程，风险评估只是提供辅助决策的信息。

（2）戒备策略（Precautious/Cautious Strategy）。该策略的一个重要方面是系统提前应对突发事件的应变、应急能力，主要包括系统的鲁棒性研究：不确定性情境下的系统设计优化以避免负面后果；系统弹性研究：系统经历压力（负面影响）后恢复基本功能的能力。

（3）话语策略（Discursive Strategy）。采取措施提高风险应对措施的可信赖程度，比如清楚阐述事实、受影响的群体参与制定风险应对策略等。

根据相关风险管理标准、项目风险管理标准，典型的风险管理过程如图2-2所示，主要阶段包括风险管理计划、风险识别与分类、风险分析与评估、风险应对以及风险控制。工程项目风险管理过程与一般项目风险管理过程一致。风险管理计划包括界定风险管理的目的、目标和准则等；风险识别与分类指的是识别与特定活动或目标相关的事件或状态（包括威胁和机会），根据决策需要将识别的事件分类；风险分析与评估指的是分析识别事件的前因和可能性后果、评估风险严重性；风险应对指的是风险应对计划和措施的决策；风险控制指的是监测、评估风险管理过程的有效性，及时调整风险应对计划和措施。整个风险管理过程从风险管理计划开始到风险控制形成一个循环，即风险管理是一个持续、动态调整改善的过程，类似于质量管理中的PDCA循环［计划（Plan），实施（Do），检查（Check），处理（Action）］。

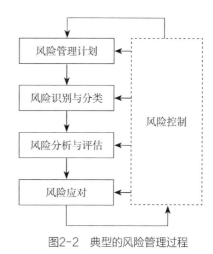

图2-2 典型的风险管理过程

2.2 利益相关者

2.2.1 利益相关者界定与理论

管理领域的"利益相关者"（Stakeholder）概念是斯坦福研究院（Stanford Research Institute，SRI，现SRI国际公司）于1963年首次提出的，并将其定义为：利益相关者是这样一个群体，没有他们的支撑，组织将无法生存。随后至今，利益相关者概念演绎可归为两个方向：一是宽泛利益相关者定义，以Freeman为代表，他认为"利益相关者是任何能够影响组织目标实现，或受组织目标实现影响的群体或个人"；二是狭窄利益相关者定义，以Clarkson为代表，他认为"利益相关者在企业中投入一定形式的实物、人力资本或资金，并由此承担某种风险，或者说，他们因企业活动而承担风险"。前者认为任何群体和个人都有可能影响组织目标的实现，因此不能遗漏任何一个。后者的主要出发点是组织资源的有限性，因此只考虑有限的组织相关方。沿着这两个方向，学者提出了许多不同的利益相关者定义或对利益相关者进行了不同的划分，关于利益相关者界定的综述可见于以下文献研究：Mitchell等（一般情境研究），Friedman和Miles（一般情境研究）和Littau等（项目情境研究）。没有绝对正确的定义，而且界定一个适用各种情境的定义的有效性是非常有限的，因此，不同的目的和情境应选择相适应的定义。

利益相关者理论（Stakeholder Theory）产生于管理实践，而非学术研究活动，它是由一系列观点组成的"框架"，通过这"框架"可以衍生大量理论（理论：一组结构化的概念、定义和命题，用来解释和预测现实世界的现象）。利益相关者理论致力于解决三个主要问题：①价值创造和交易问题；②资本主义与伦理问题；③处理问题①②的管理思维方式问题。这三个问题是"利益相关者理论的基本机制"。

2.2.2 发展阶段与主要特点

如图2-3所示，一般情境下利益相关者理论的发展可分为三个阶段：经典利益相关者研究，战略管理的利益相关者方法，以及利益相关者多领域理论与实证研究。

1. 经典利益相关者研究

在斯坦福研究院首次提出利益相关者概念后，关于利益相关者的发展逐渐形成四个领域：公司战略规划与管理、系统理论、企业社会责任和组织理论，这形成了经典利益相关者研究阶段。

公司战略规划与管理中的利益相关者概念开始出现于20世纪70年代。Taylor（1971）认为在这个时期，股东的重要性将会减弱，企业的运转也要考虑其他利益相关者的利益。King和Cleland（1978）提出了项目管理情境中分析利益相关者的方法。此外，还有部分学者在公司规划流程中使用了利益相关者的概念。但是这些研究都局限于传统的、非对抗性的利益相关者（如供应商、消费者、所有者和雇员），并假定利益相关者环境是

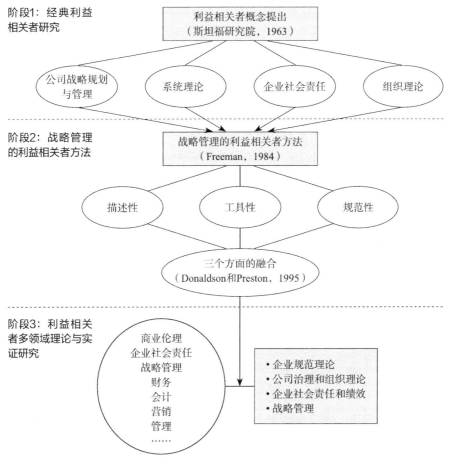

图2-3 利益相关者研究三阶段（1963~2017年）

稳定的、可预测的，因此基本只适合搜集传统利益相关者有关的信息以适应公司内部变化。

Churchman（1986）和Ackoff（1974）提出了利益相关者的"开放系统观"：将组织视为开放的社会系统，系统内问题可以通过设计利益相关者支持组织、组织作用于利益相关者的基本制度得以解决。系统观不关注公司战略管理问题，而是关注组织和社会的多方面、深层次的因素，主张组织问题不应该被聚焦或分解，而是要放大或综合。

这一阶段的企业社会责任文献的一个重要贡献是将以往通常被忽略的、与公司具有对抗性关系的利益相关者（比如社区）考虑进来。他们强调的并非满足所有利益相关者，而是满足社区、大众、雇员等的利益，相关的研究成果很多。他们将社会和政治问题引入组织研究，但是却没有给出将这些问题整合进公司战略管理的一般性方法。

20世纪60年代，有少数几位学者意识到单纯分析组织内部并不能有效解决问题，因此开始分析"组织－环境"关系。Rhenman（1968）明确地使用了"利益相关者"这一概念：依赖于公司以实现其目标的个人或群体，同样地，公司也依赖于他们。Pfeffer和Salancick（1978）提出的"组织－环境"互动模型从组织的资源依赖性给出了利益相关者的描述：利益相关者的有效性来源于对其要求管理的必要性，尤其是组织依赖其提供资源和支持的利益群体的要求。

2. 战略管理的利益相关者方法

在经典利益相关者研究成果的基础上，Freeman完成了经典著作：《战略管理：利益相关者方法》(1984)，这开启了利益相关者研究的新时代，其定义的利益相关者也成为被广泛接受的经典定义。战略管理的利益相关者方法（框架）主要包括三个层次：理性层面（Rational）或组织整体；程序层面（Process）或标准处理程序；交易层面（Transactional）或日常业务。

理性层面的分析需要解决以下问题："谁是利益相关者？"以及"利益相关者所感知的利益是什么？"利益相关者图谱及其附表可分析某个组织的利益相关者类别以及每个类别对应的具体利益相关者。在利益分析时，采用了"影响－权力"二维网格，并将影响细分为"股权""经济"和"政治"，权力细分为"投票""经济"和"政治"。这里特别需要注意的是管理者与利益相关者所感知的利益可能存在差别。

程序层面的分析需要明确：组织在制定战略管理程序（比如投资组合程序、战略评估程序等）时，需要考虑多个潜在利益相关者，即"一个组织是否制定了明确或暗示的管理利益相关者的程序和方法?"要确保这些程序和方法与理性层面的分析结果相匹配。

交易层面的分析需要明确:"是否分配了资源来应对不同的利益相关者?""组织与利益相关者之间如何交易?""是否设立了监督交易效果的机制?"以及"交易方式是否和理性、程序层面的分析结果相匹配?"组织与利益相关者之间交易成功的关键之一是对利益相关者合法性的理解,关键之二是为解决利益相关者所关注的问题设立常规程序。

总体来说,在这个研究阶段,包括Freeman在内的众多学者的主要研究贡献是将外部环境(外部利益相关者)系统地纳入了企业管理范畴。该阶段的研究成为利益相关者概念发展、利益相关者领域研究的重要基础。在战略管理的利益相关者方法启发下,学者们从描述性、工具性和规范性三个方面进行了研究,充实了这一阶段的研究成果。随后,Donaldson和Preston(1995)在他们的企业利益相关者理论中将上述三个方面的研究融合,成为该研究阶段研究成果的汇总。

3. 利益相关者多领域理论与实证研究

经过多年理论研究者和企业实践者的努力,利益相关者理论已经广泛应用在多个领域,包括商业伦理、企业社会责任、战略管理、财务、会计、营销和管理等。本书属于管理学科,因此,以下简要介绍利益相关者理论在管理领域中的应用。管理学科可分为"软"管理(行为学方向,如组织行为学、组织理论、人力资源管理等)和"硬"管理(管理科学方向,如项目管理等物理流程、数学的或基于计算机的管理模型等)。管理文献中较早利用利益相关者概念的研究为Sturdivant(1979),该研究指出管理者和激进团体的意见存在差异,并建议管理者寻求与利益相关者的合作。"领导"是管理文献中应用利益相关者理论的重要研究领域,如文献Nwankwo和Richardson(1996)、Schneider(2002)基于利益相关者理论提出了领导技能框架、模型;De Luque等(2008)指出领导者的利益相关者导向有助于推动其下属的努力,也有益于提升整个公司的效益。项目管理文献，包括工程项目管理文献，也普遍认为有效的利益相关者管理对项目管理的成功至关重要。

这个阶段的多领域研究可以分成四个方向：企业规范理论、公司治理和组织理论、企业社会责任和绩效、战略管理。企业规范理论试图回答以下问题："如果不考虑利益相关者管理所能带来的结果，企业进行利益相关者管理是否存在基本的道德基础？"公司治理和组织理论的研究集中在管理者"为股东创造价值的信托义务"与"为利益相关者创造价值"两者之间的矛盾上。企业社会责任和绩效方面，大量的研究致力于检验利益相关者管理的工具性，即进行利益相关者管理的公司，其绩效要高于那些没有进行利益相关者管理的公司。Harrison和John（1994）认为利益相关者理论对主流战略管理理论具有"包容性"，即利益相关者框架下，不同的战略管理理论可以看成不同的战略管理工具：比如在公司内部运营环境中，公司资源基础观可以用来分析内部利益相关者环境，而五力模型则可以用来分析外部利益相关者关系。

第 3 章 风险管理与利益相关者管理的关联与整合模式

本章整体研究框架如图3-1所示，采用系统文献综述法对工程项目研究中同时涉及风险管理、利益相关者管理的文献进行系统分析，目的是：①探究风险管理与利益相关者管理相互关联的模式；②分析每种关联模式是否有助于提高风险管理、利益相关者管理的有效性；③从两者整合的角度，提出提高风险管理、利益相关者管理有效性的未来研究方向和路径。风险管理与利益相关者管理关联与整合的理论合理性来源于两者的相似点，包括风险与利益相关者的概念、管理过程以及管理的目标和期望结果三个方面。其中，管理过程和期望结果是管理有效性的两个领域（维度），共同反映了管理的有效性。本章研究为后续研究内容奠定了基础，包括风险与利益相关者管理准则和框架的整合（构建利益相关者视角的工程项目风险管理框架）、风险与利益相关者属性量化评估的整合（利益相关者属性对风险严重性的实证分析、利益相关者风险评估模型发展）以及整合视角下利益相关者风险管理的策略设计与评价。

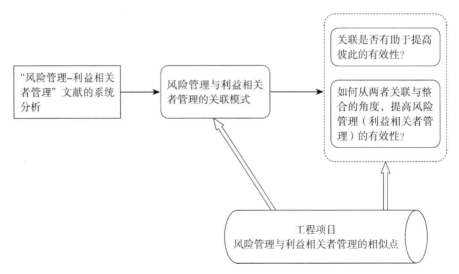

图3-1　风险管理与利益相关者管理的关联与整合研究框架

3.1 系统文献综述法

如图3-2所示,本章采用系统文献综述的研究方法,具体包括三个阶段:①文献综述计划与电子文献搜索;②内容相关性审查;③内容分析。

文献综述计划与电子文献搜索阶段包括文献综述计划的制定以及通过电子数据库搜索相关文献。文献综述计划包括明确综述的目的以及制定综述工作的步骤与流程。文献综述的目的在本章伊始已明确,具体的步骤流程如图3-2所示。在Scopus、ASCE和ScienceDirect这三个数据库中检索截至2016年12月19日的英文学术论文,检索规则是文章的标题/摘要/关键词满足以下逻辑条件:("stakeholder" OR "project participant") AND ("construction project" OR "infrastructure project" OR "civil engineering

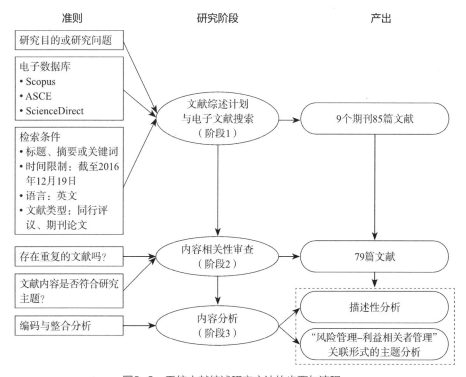

图3-2 系统文献综述研究方法的步骤与流程

project")AND("risk")。标题/摘要/关键词检索是常见的检索规则。论文只限于同行评议的期刊论文,不包括书评、期刊评论以及会议论文。文献检索共得到85篇论文,至少包括3篇论文的期刊有:Journal of Construction Engineering and Management(JCEM)、Journal of Management in Engineering(JME)、International Journal of Project Management(IJPM)、Construction Management and Economics(CME)、Journal of Infrastructure Systems(JIS)、Engineering, Construction and Architectural Management(ECAM)、Built Environment Project and Asset Management(BEPAM)、Journal of Computing in Civil Engineering(JCCE)、Leadership and Management in Engineering(LME)。这些期刊包括工程管理领域的5个顶级期刊:JCEM、JME、IJPM、CME和ECAM。对高质量的研究文献进行系统分析是开展系统文献综述的重要策略。

内容相关性审查指的是判断阶段1检索到的文献内容是否符合既定研究目的。为了保证审查结果的准确性,由另外一名工程项目风险研究方向的硕士研究生协助参与审查,笔者与该协助者独立分析85篇文献的标题、摘要和关键词,然后讨论删除了6篇主题不相关文献,表3-1是剩下的79篇文献在各个期刊的分布情况。从图3-3可以看出越来越多的研究关注工程项目中"风险管理-利益相关者管理"关联问题。

文献期刊分布　　　　　　表3-1

期刊名称	电子检索文献数量	最终分析文献数量
Journal of Construction Engineering and Management (JCEM)	25	22
Journal of Management in Engineering (JME)	19	19
International Journal of Project Management (IJPM)	8	8
Construction Management and Economics (CME)	7	7
Journal of Infrastructure Systems (JIS)	7	7
Engineering, Construction and Architectural Management (ECAM)	6	6

续表

期刊名称	电子检索文献数量	最终分析文献数量
Built Environment Project and Asset Management (BEPAM)	6	5
Journal of Computing in Civil Engineering (JCCE)	3	3
Leadership and Management in Engineering (LME)	4	2
Total	85	79

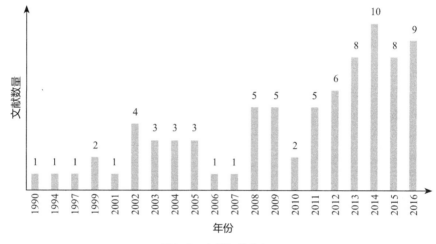

图3-3 文献年份分布

内容分析是将文字信息进行压缩、整合,并发现、提炼研究主题的数据分析方法。本章的内容分析包括两部分:描述性分析和主题分析。描述性分析是总结归纳选定文献的基本信息,基本信息的最终编码见表3-2。在开展描述分析之前,本书先编制了一个初始编码表,这个初始编码表随着内容分析不断完善。与之不同的是,本章3.3节提炼的四个模式都是在对文献进行内容分析的过程中得到的,没有设定初始主题。与内容相关性审查阶段相似,对79篇文献的内容分析同样是先由笔者和协助者独立完成,随后对比、讨论、确定内容分析结果,这样的分析过程有助于降低编码过程中的不一致。

描述性分析编码　　　　　　　　　　表3-2

编码	含义说明
年份	文章发表年份
文章标题	—
期刊名称	—
研究方法	问卷调查，访谈，案例研究，数学建模、仿真，实验，理论、框架研究，文献综述等
实证数据地理来源	—
利益相关者定义和分类	—
利益相关者类别	具体的利益相关者类别，比如业主、承包商等
风险定义	具体使用的风险定义，关注机会风险还是威胁风险
风险类别	根据风险影响的项目目标，如成本、质量等进行分类
项目类别	住宅、地铁等
项目阶段	施工前准备阶段（可行性研究、设计），实施阶段，运营与维护阶段，全生命周期
研究目的或研究问题	—
主要发现	文章明确说明的主要发现
理论贡献	文章明确说明的理论贡献

3.2　文献描述性分析

3.2.1　文献基本信息

图3-4展示了79篇文献中所使用的研究方法，从图中可以看出，使用最多的方法是问卷调查法。图3-5则是文献的数据来源，未界定数据来源的文献（38%）主要采用的是算法、数学建模或模拟，所以没有实证数据源。亚洲地区是实证数据收集的主要地区（25%），但是跨区域的数据源却很少（8%），这是可以理解的，因为工程项目中的风险、利益相关者问题都受项目所在地的国家或地区情境影响。

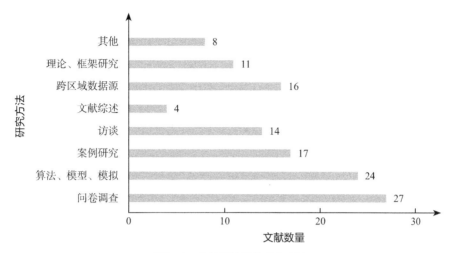

图3-4　文献所使用的研究方法

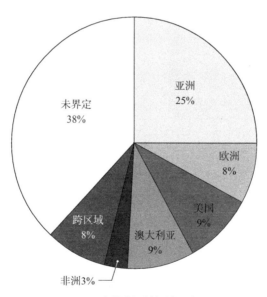

图3-5　文献实证数据地理来源

多数文献的研究情境是一般工程项目（N=34）或基础设施项目（N=31）。研究基础设施项目的文献中有13篇是关于PPP项目的，这在一定程度上说明了风险管理、利益相关者管理对PPP项目的重要性。其他的项目类型有住宅项目（$N=5$）、国际工程项目（$N=4$）、合伙模式项目（$N=3$）、大型项目（$N=2$）、城市更新项目（$N=1$）以及目标成本合约模式项目（$N=1$）。工程项目涉及多个阶段，从图3-6中可以看出，研究最多的是实施阶段（$N=32$）。以往研究也表明实施阶段的风险、利益相关者数量和复杂程度都非常高。此外，有22篇文献关注的是项目的全生命周期，这说明项目的各个阶段都会面临风险、利益相关者问题。

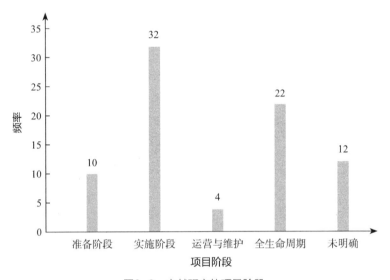

图3-6　文献研究的项目阶段

注：1. "准备阶段"包括项目评价和可行性研究、设计，"实施阶段"包括施工、招标投标；
　　2. 79篇文献中，有的文献涉及一个以上的项目阶段，比如文献Xu和Moon（2014）就涉及项目的实施、运营与维护这两个阶段。

3.2.2　文献界定的风险与利益相关者概念

这里将79篇文献涉及的风险概念与工程项目普遍接受的风险概念作了比较分析。结果发现，"风险管理-利益相关者管理"关联文献主要分析的是风险对项目目标或其他方面有负面影响，也就是说，这些文献主要关注风险的负面威胁属性，而极少研究风险的正面机会属性。这表明文献在分析风险管理和利益相关者管理关联时还没有充分意识到风险的双重属性。受负面影响的项目变量包括项目成功［比如文献Ashuri和Mostaan（2015）］、安全健康目标［比如文献Tymvios和Gambatese（2016）］、成本目标［比如文献Firouzi等（2016）］、收益（利润）目标［比如文献Jeerangsuwan等（2014）］、可持续发展［比如文献Shealy等（2016）］等。在项目风险研究领域，学者们表示同时考虑风险的正面和负面属性会提高项目成功的可能性，甚至有可能带来超出预期的良好结果。因此，系统考虑风险的双重属性也有可能对"风险管理–利益相关者管理"关联研究以及实际项目管理绩效有所裨益。

对文献涉及的利益相关者概念梳理发现，只有1篇文献引用了宽泛利益相关者定义，即文献Van Os等（2015）。这篇文献引用的定义为"利益相关者是受项目目标影响或者影响项目的个人或组织"。可以看出本章进行文献分析的这些研究极少提供清晰、明确的利益相关者定义。不仅是工程项目，一般项目的利益相关者研究也缺乏清晰的利益相关者定义。这表明"风险管理–利益相关者管理"文献大部分只是从实证角度识别出工程项目中涉及的参与方，而没有深入探讨"谁是利益相关者"这个基本问题。图3-7是文献中涉及的参与方，其中最常见的利益相关者依次是咨询单位、业主、承包商、项目管理团队，而文献较少讨论投资方、公众以及政府。这表明文献没有给予各类利益相关者同等的关注度：主要研究的是在工程建设活动中有合同关系的、投入一定资源的利益相关者群体（本书称为"内部利益相关者"），而忽略或低估工程项目的"外部利益相关者"（可以影响或被动受项目影响，这种影响不是通过合同发生的，比如公众通过游行影响项目）。这种对内外部利益相关者的不平衡关注违背了工程项目更适合采用宽泛利益相关者定义的论述。

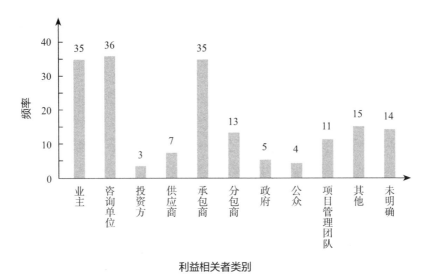

图3-7 文献研究的利益相关者类别

3.3 当前研究主题：风险管理与利益相关者管理关联模式

通过对79篇文献的内容分析提炼出工程项目风险管理和利益相关者管理相互关联的四种模式：①基于利益相关者识别的风险过程管理；②内部利益相关者在风险管理过程中的主体地位和能力；③管理利益相关者在风险问题上的差异；④风险管理、利益相关者管理与项目绩效的关系。这四种模式反映了工程项目中风险管理和利益相关者管理产生关联的不同方式和路径。下面详细分析每种关联模式是如何发生的，以及每种关联是否可以促进风险管理或利益相关者管理的有效性。

3.3.1 基于利益相关者识别的风险过程管理

第一个"风险管理-利益相关者管理"关联模式是指识别利益相关者以及利益相关者对项目目标实现的威胁风险有助于风险应对策略的制定。识别的利益相关者包括内外部利益相关者。与内部利益相关者有关的风险包括业主延迟支付，业主、承包商或设计方的项目变更等。与外部利益相关者有关的风险包括受项目影响的社区反对项目建设等。外部利益相关者风险其实与企业（项目）的社会责任、目标相关。企业（项目）的社会责任履行不足会引发影响项目顺利开展的威胁事件，这类威胁事件的数量和严重程度都在与日俱增，但是，工程项目管理实践却没有足够重视社会责任的履行。更为严重的是工程企业（项目）履行社会责任的情况仍在持续恶化。

上述研究关注的是单个利益相关者的行为和风险，这个主题下的另外一个研究方向关注的是利益相关者之间的互动或网络导致的威胁风险及其应对策略。本书将这类风险称为"项目网络风险"，即由于利益相关者间的交互工作或互动行为导致的风险。项目网络风险会对项目目标实现造成消极负面影响，比如项目进度延迟。一项对新加坡建设行业的调查发现，大部分的被调查者没有意识到项目网络风险，而且参与调查公司的在建项目没有一个实施项目网络风险管理。工程项目，特别是大型项目，涌现出越来越多的利益相关者。这意味着不同利益相关者间的交互工作、互动行为也将大幅度增加，这将进一步导致项目网络风险数量和严重程度的增大。因此，项目网络风险的管理应当引起学术研究和管理人员的重视。由于项目网络风险牵涉至少两个利益相关者，其管理方法会与单个风险的管理存在差异。

总而言之，第一个"风险管理-利益相关者管理"关联模式背后的假定是识别利益相关者风险（主要是威胁风险）可以提高风险过程管理的有效性（体现在风险应对措施的制定）。这个主题下的研究主要趋向关注以下两类威胁风险源及其应对策略的制定：更广泛的项目外部利益相关者、多个利益相关者间的互动与交互行为。

3.3.2 内部利益相关者在风险管理过程中的主体地位和能力

第二个"风险管理-利益相关者管理"关联模式的主要特点是：内部利益相关者是项目风险管理过程的主体，因此，这个主题下的文献致力于提高内部利益相关者在风险管理各个阶段的能力和资源，具体包括准则、方法或工具等。在内容分析的79篇文献中，这个主题涉及59次，其中，风险识别与分类13次，风险分析与评估21次，风险应对10次，整个风险管理过程15次。大比例的文献研究这个主题表明了项目实践中管理者在具体风险管理过程的能力不足。这个主题下的文献可分为两个方向：一个是集中于某一个特定情境下的内部利益相关者管理能力，比如Ashuri和Mostaan（2015）识别了PPP项目的风险并对其严重性进行了评估，最后为管理者管理PPP项目相关的风险提供了建议；另一个方向的研究则是致力于发展适用于一般工程项目情境的风险管理框架、方法或工具等，比如Shahata和Zayed（2016）。

这个主题下的研究趋势有以下两个特点：其一，不管是针对某个（或某几个）风险管理阶段还是整个风险管理过程，这些文献本质上关注的都是项目现场管理者的风险管理方法和能力，即从管理过程和方法方面加强项目的过程风险管理。其二，研究对象要么是单个组织，要么是两个组织（比如PPP项目中的政府部门和私人部门），即关注的是单个或两个组织的风险管理能力和资源。

3.3.3　管理利益相关者在风险问题上的差异

第三个"风险管理–利益相关者管理"关联模式指的是管理利益相关者在风险问题上的差异，比如风险感知、风险决策等。利益相关者在风险问题上的差异其实是他们之间冲突的一种形式，对这种冲突形式的充分了解有助于管理风险、管理利益相关者。首先，内部利益相关者对某个活动的风险组成，或是这些风险的严重性感知和判断存在差异。比如，Tymvios和Gambatese（2016）调研了"通过设计降低安全风险"这种方法在建设行业推行的阻碍因素，结果发现，设计师和工程师认为阻碍因素来自于经济、法律和合同等方面，但是承包商却只考虑了经济方面的阻碍。内部利益相关者群体和外部利益相关者群体之间对项目风险的组成以及风险的严重程度感知也存在差异。其次，利益相关者的主观性和差异也体现在他们对风险的处理上，即利益相关者在风险决策上存在差异。比如，同一个PPP项目公共部门和私人部门关于特许经营期的判断会不同；面对同样的国际建设市场环境，承包商在国际工程项目中的投标决策行为也会存在差异。

风险感知是指个人对风险的判断，它会受到个人社会结构的影响，比如关注点、角色、权力差异等因素。人们的社会结构连同文化系统（人们关于什么是对错的判断体系）会影响其感知和行为。工程项目中，不同的利益相关者拥有不同的社会结构，因此他们在风险组成、风险严重性的感知或是风险决策上存在差异是不可避免的。工程项目中，人及其主观性对风险的判断、评估和管理是不可缺少的，因此，利益相关者在风险问题上的差异性不容忽视。工程领域的研究已经开始关注工程项目中的人及其主观性。Xia等（2017）提出虽然"概率-影响"模型被广泛用来评估工程项目风险的严重性，但是关于人如何感知风险、判断风险的实际过程却研究甚少。Loosemore（2011）同样指出工程项目虽然在处理技术风险上取得了很大进展，但是却欠缺如何管理主观风险感知的能力。总而言之，文献分析发现，与工程项目一般性风险研究一致，"风险管理-利益相关者管理"文献也已经注意到了人及其主观性在风险管理中的作用。

3.3.4 风险管理、利益相关者管理与项目绩效的关系

工程项目的风险管理和利益相关者管理包括过程领域（维度）和结果领域（维度）。第四个"风险管理-利益相关者管理"关联模式包括三个方面：①利益相关者管理的过程领域变量对风险管理结果领域变量的影响（即"利益相关者管理过程—风险管理结果"）；②风险管理的过程领域变量对利益相关者管理结果领域变量的影响（即"风险管理过程—利益相关者管理结果"）；③风险管理和利益相关者管理结合的过程领域变量对项目绩效的影响（即"风险与利益相关者的整合管理过程—项目绩效"）。

这个主题下的第一研究方向是利益相关者管理过程（比如利益相关者沟通）影响风险管理结果（比如风险事件的数量或风险严重性）。利益相关者管理过程涉及管理计划的制定、资源配置、处理诉求、信息分享和沟通、分析利益相关者属性等活动。利益相关者管理过程不足，比如在项目规划阶段没有充分重视某些利益相关者对项目的诉求，会增加项目后期阶段的威胁。而有效的利益相关者管理过程（比如有效的信息分享和沟通）可以获得项目外部利益相关者关于项目风险管理的反馈信息，进而提高风险管理的有效性。

与"利益相关者管理过程—风险管理结果"这个方向相比，分析文献较少关注风险管理过程（比如风险分担）对利益相关者管理结果（比如利益相关者满意度）的影响。正如本章3.2节所描述的，利益相关者概念在当前的项目管理文献和"风险管理-利益相关者"文献都缺乏清晰的界定。此外，建设行业中也缺少测量利益相关者结果和产出的成熟量表。因此，"风险管理过程—利益相关者管理结果"这个方向的研究较少也是可以理解的。在内容分析的79篇文献中，涉及这个方向的文献有两篇。其中一篇访谈了来自8个工程项目的29位管理者，结果表明，风险/奖励制度和方法会影响承包商行为。另外一个研究的对象是住宅项目，结果发现，政府业主与私人企业承包商的合理风险分担可以有效激发承包商的良好绩效。本质上来讲，"利益相关者管理过程—风险管理结果"与"风险管理过程—利益相关者管理结果"都有可能发生，但是内容分析表明，现有文献对后者的研究较少。

第三个研究方向是"风险与利益相关者的整合管理过程—项目绩效"。部分文献将风险管理和利益相关者管理的结果和产出作为衡量项目成功的指标之一。在工程项目中，风险通常对项目目标有负面影响，因此，风险管理的积极结果指的是威胁项目目标的风险数量减少或严重性降低，这些结果反映了良好的项目绩效。同样地，利益相关者管理的结果变量也反映了项目绩效，比如利益相关者之间的合作行为。此外，部分文献指出风险管理过程、利益相关者管理过程会影响某些其他项目绩效指标或者项目整体的成功，比如：公平的风险分担、良好的利益相关者关系可以有效减少交易成本，风险管理相关变量（比如使用风险登记表）、利益相关者管理相关变量（比如利益相关者之间建立开放的有效沟通）对PPP项目成功至关重要。Li等（2014）和Tang等（2013）在分析时，将风险管理过程变量、利益相关者管理过程变量看成是相互独立的部分。也有文献考虑了风险管理过程变量、利益相关者管理过程变量的关联关系对项目绩效的影响，比如，Du等（2016）和Wang等（2016b）分析了Partnering模式（即利益相关者管理过程变量）、风险管理能力（即风险管理过程变量）对项目绩效的交互影响。

3.4 未来研究方向：风险与利益相关者整合管理以提高管理有效性

在上一节分析风险管理与利益相关者管理关联模式的基础上，本节讨论未来研究如何通过两者的关联提高风险管理或利益相关者管理的有效性，管理有效性包括管理过程的有效性和管理结果的有效性两个方面。四个模式对应的未来研究方向如图3-8所示，这些研究方向提出的依据是已有研究成果，风险与利益相关者的前沿概念、管理思维和相似点，以及工程项目的风险管理和利益相关者管理是当前面临的挑战。

3.4.1 基于深入和宽泛利益相关者分析的风险过程管理

第一个当前研究主题"基于利益相关者识别的风险过程管理"局限于在利益相关者及其风险识别的基础上提出应对风险的策略。首先建议未来研究不要局限于利益相关者识别，而是要对已识别的利益相关者开展进一步的深入分析，并将利益相关者识别与分析的结果运用于风险管理的各个阶段。利益相关者管理过程中的"利益相关者分析"阶段包括利益相关者

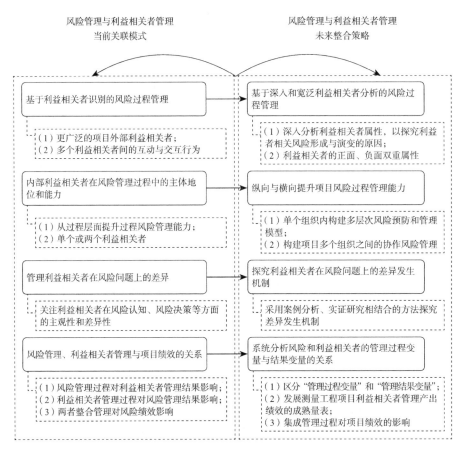

图3-8 风险管理与利益相关者管理当前关联模式和未来整合管理研究方向

属性（比如利益、关注点）以及利益相关者关系分析。这些分析有助于进一步探究利益相关者风险形成和演变的深层次原因，以及各个风险之间的关联，这将有助于风险分析与评估阶段。利益相关者分析时需要注意利益相关者的动态性。利益相关者的构成、同一利益相关者的属性不是常量，而是在不同场景（比如工程项目的不同阶段）中动态变化的。因此，利益相关者动态性分析会有助于我们了解利益相关者风险的形成和演变，并据此制定动态风险管理策略。一般情境下的最新风险研究已经开始强调风险管理与评估的深层次信息与动态维度。"利益相关者分析"与深层次信息维度对应，而"利益相关者动态性"则与动态维度相对应。

其次，这个主题的现有研究主要关注利益相关者的消极方面，即威胁风险。这种单一的片面视角可能会导致管理者忽视利益相关者潜在的积极属性，实践中也就可能错失某些利益相关者可能带来的对项目有利的机会。因此，对于未来研究的第二点建议是采用更宽泛的视角来看待利益相关者，他们可能带来威胁，同样地，他们也可能带来机会。比如，恰当的项目治理结构（比如联盟体）会激发内部利益相关者的积极合作行为。外部利益相关者也可能有助于项目目标的实现，比如，受项目影响的当地居民由于对当地环境的了解可能提出建设性意见。内部利益相关者与外部利益相关者的合作、积极行为也是有可能发生的。因此，建议未来研究兼顾积极与消极的利益相关者视角，而这种宽泛的利益相关者视角可能改变风险分析与评估的结果，以及风险应对策略的制定。需要注意的是，由于工程项目实践管理人员对风险、利益相关者长期持有单一的消极视角，因此，改变他们的管理视角和思维可能是非常困难的。McCaskey（1982）提出企业管理中任何重大战略、管理的转变最根本的还是管理者认知的改变，要使工程项目管理者采纳更宽泛的利益相关者视角还需要更多的学术研究。

3.4.2　纵向与横向提升项目风险过程管理能力

与第二主题下的文献一致，本书建议的未来研究方向同样认为内部利益相关者是风险管理的主体，也同样致力于提高内部利益相关者的风险管理能力。但是与以往文献不同的是，本书建议的未来研究方向是从管理利益相关者的角度出发来提高风险管理能力，而不是通过发展风险管理的框架、程序、方法或工具。首先，本书认为一个项目过程风险管理的能力不仅仅取决于项目现场管理者，也受到项目或项目所在组织的其他层次员工的影响。鉴于此，建设各参与方应在其内部建立多层次风险预防和管理模型。高层管理者的风险管理态度，以及涉及各个层次项目成员的风险管理氛围都会影响利益相关者过程风险管理能力，但是现有文献却轻视了这个方面。实证研究结果也发现,项目现场管理者的风险管理技术和方法很成熟,但是高层管理者的风险管理态度或者组织层次的风险管理体系却不佳,这将严重影响过程风险管理能力,比如,安全风险的研究指出,高层的管理投入是降低安全事故最为关键的因素。即使高层管理者重视安全管理,不同工作小组或单位的安全管理实践也会存在很大差异。因此,为了提升工程项目的整体过程风险管理能力,对于单个参与方,建议未来研究发展多层次的风险预防和管理模型,其中,不同层次的风险管理能力维度会有所差异,比如高层管理者的风险管理投入维度、直接管理者的风险管理技能维度以及现场工人的安全行为维度等。

其次,现有研究表明项目内多个组织之间的合作风险管理缺乏相应的理论和实践基础,这个问题也存在于一般的临时性多组织管理。本章内容分析的文献中也有实证结果表明,尽管管理者认为多方合作的风险管理是必要的,但是实践中却缺少如何实现有效合作的可行方法和指导。因此,未来研究应该致力于发展可行的、联合多个利益相关者进行合作风险管理的方法,以减轻不同利益相关者为了各自利益而损害项目整体目标的完成。总而言之,建议未来研究从纵向、横向两个角度加强利益相关者管理,以提升项目过程风险管理的整体能力。此处的纵向指的是建立单个组织(项目)内从管理层人员到操作层人员的多层次风险预防和管理模型,横向指的是发展联合不同组织进行合作风险管理的准则、框架和方法。

3.4.3 探究利益相关者在风险问题上的差异发生机制

第三个关于"风险管理-利益相关者管理"关联模式的当前研究主题关注的是利益相关者的差异以及他们在风险感知和风险决策上的差异。虽然已有研究已经注意到了利益相关者在风险问题上的主观性和差异性,但是,我们却对这些主观性是如何产生的以及如何管理这些主观性了解甚少。探究这些问题有助于我们更好地分析和管理利益相关者之间的冲突以及利益相关者风险之间的冲突。

首先，本书建议在研究这些问题的开始阶段，可以采用案例分析的方法，案例分析有助于了解在实际的工程项目情境中不同利益相关者是如何描述、感知和应对风险的，有助于我们发现工程项目这个特定情境下，与利益相关者或风险相关的导致利益相关者风险感知和风险决策差异的因素。在案例分析的基础上，我们还需要对利益相关者风险感知、风险决策差异的发生机制进行严谨的演绎推理与实证研究，比如利益相关者的社会结构因素对利益相关者差异的影响方式和路径。对差异发生机制的深入研究可以帮助利益相关者更好地了解他们的相关方，以及自身与其他相关方产生差异和分歧的深层次原因。总而言之，建议采用案例分析结合严谨的演绎推理与实证研究的方法探究工程项目利益相关者在风险问题上的差异发生机制，这将有助于制定切实可行的管理策略，以降低利益相关者间的冲突（即有助于利益相关者管理），也有助于管理风险感知和决策上的冲突（即有助于风险管理）。

3.4.4　系统分析风险和利益相关者的管理过程变量与结果变量的关系

为了更好地构建风险管理、利益相关者管理和项目绩效之间的关系，首先，建议未来研究区分"管理过程变量"和"管理结果变量"。其中，"管理过程变量"应该与风险、利益相关者的管理程序、活动和功能相关，比如风险分担、利益相关者管理计划和资源配置等；"管理结果变量"应该与风险、利益相关者管理的期望结果相关，比如风险严重性、利益相关者间的合作行为等。"管理过程变量"和"管理结果变量"共同反映了风险管理（利益相关者管理）的有效性。

图3-9中，实线箭头代表的是现有文献的研究主题，即利益相关者管理过程变量对风险管理结果变量的影响，而虚线箭头代表的是目前研究尚且不足的主题。首先是"风险管理过程—利益相关者管理结果"，由于现有研究缺乏测量工程项目利益相关者管理结果和产出绩效的成熟量表，因

此，这一主题的研究很大程度上依赖相关成熟量表的发展。其次是风险与利益相关者整合管理过程对项目绩效的影响，这个主题的研究需要依据实际项目数据，以对比分析整合管理的项目绩效产出与风险、利益相关者独立管理的项目绩效产出。

如图3-10所示，前三个未来研究方向涉及风险管理和利益相关者管理在管理过程领域（维度）的整合，第四个研究方向涉及风险与利益相关者整合管理策略对项目绩效的检验，这四个方向的研究有助于最终构建"风险-利益相关者"整合管理系统和框架。

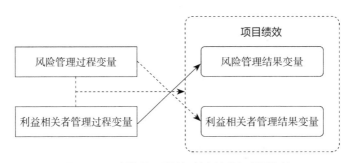

图3-9　风险管理、利益相关者管理与项目绩效

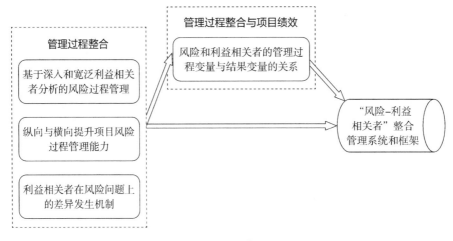

图3-10　"风险-利益相关者"整合管理研究路径

3.5 本章小结

首先，本章研究采用系统文献法分析了79篇相关文献，识别出了工程项目风险管理与利益相关者管理的四种关联模式：①基于利益相关者识别的风险过程管理；②内部利益相关者在风险管理过程中的主体地位和能力；③管理利益相关者在风险问题上的差异；④风险管理、利益相关者管理与项目绩效的关系。工程领域中，风险管理通常被整合到质量管理、成本管理、进度管理或安全管理中。同样地，风险管理与利益相关者管理也有关联，但是现有研究没有系统地梳理分析这两者是如何关联的。而本章研究识别的这四种风险管理与利益相关者管理相互关联的模式系统地描述了风险管理与利益相关者管理关联的方式和路径，弥补了现有研究的不足，有助于启发风险与利益相关者整合管理的相关研究和实践尝试。

在识别出风险管理与利益相关者管理关联模式的基础上，本章研究进一步论证了可以从整合视角提高风险管理和利益相关者管理的有效性：两者的管理过程可以整合，并且这种整合可以促进风险管理（或利益相关者管理）过程、结果以及两个维度的有效性。现有研究关于风险管理（或利益相关者管理）对利益相关者管理（或风险管理）益处的分析存在不足。比如，Yang和Zou（2014）分析了利益相关者管理可以促进风险管理，但是这篇文献并没有明确分析这种促进作用，而且只是涉及了利益相关者管理对风险管理的单向作用。风险管理也可以提升项目管理的其他领域管理的有效性，比如进度管理，但是，风险管理是否可以促进利益相关者管理却鲜有论述。本章研究提出风险管理和利益相关者管理的管理过程可以整合，并且论证了管理过程的整合可以促进彼此管理过程的有效性以及管理结果的有效性，这对工程项目中风险管理与利益相关者管理关系的研究作出了贡献。

总之，工程项目中的风险管理和利益相关者管理通常是独立、分开进行的。本章研究提出风险管理与利益相关者管理是存在关联的、可以整合的，并且整合可以促进两者在管理过程和管理结果上的有效性。这个假设得到了研究结果的支持，具体研究结果包括现有文献主题分析识别的四个"风险管理–利益相关者管理"关联模式，以及在这四个模式当前研究主题基础上提出的未来研究方向。学者和管理者应该意识到提高工程项目风险管理的有效性不仅局限于风险领域，同样地，提高利益相关者管理的有效性不仅局限于利益相关者领域，管理有效性的提高也可以来源于两者的整合策略。本章研究为后续利益相关者视角的风险管理框架（风险管理框架与战略利益相关者管理框架的整合）、利益相关者风险评估（风险属性与利益相关者属性的整合）以及整合视角下利益相关者风险管理的策略设计与评价提供了基础。

第 4 章 利益相关者风险管理框架：战略利益相关者方法

第3章系统文献综述分析表明：工程项目的风险管理与利益相关者管理是存在关联的、可以整合的，并且整合可以促进两者在管理过程和管理结果上的有效性。鉴于此，本章基于《战略管理：利益相关者方法》，构建了工程项目战略利益相关者风险管理框架，实现了风险管理和利益相关者管理准则和框架的整合。如图4-1所示，该框架从理性层面（Rational）、程序层面（Process）、交易层面（Transactional）以及监督系统（Monitoring）这四个方面阐释了项目上进行利益相关者风险管理的内涵和关键问题，这为发展项目利益相关者风险管理与评估的具体过程、方法以及技术提供了理论准则和框架指引。工程企业通常是以项目为主要业务形式的组织（Project-Based Organization），本章构建的框架针对的是业主企业，并且是业主企业的项目层次，即业主项目战略管理（Project Strategy），业主项目管理团队是工程项目战略利益相关者风险管理的主导者。

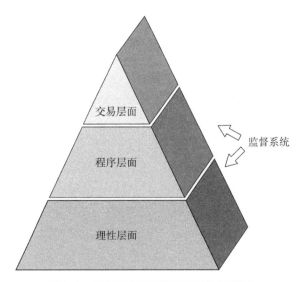

图4-1 工程项目战略利益相关者风险管理

4.1 组织战略管理的利益相关者方法

项目已经发展成一种重要的组织形式,即临时性组织(Temporary Organization)。但是,组织战略管理文献主要关注的还是传统组织(即企业),项目战略研究仍然很少。为了表述清晰,本书将组织战略分为项目战略和企业战略。

项目战略是指一个项目的战略,Artto 等(2008)在分析项目战略研究的基础上,将项目管理战略定义为"项目的方向,这个方向会影响项目在其特定环境中的成功"。

企业战略计划的主要任务是预测公司未来环境变化趋势并独立制定公司计划。企业战略计划具有计划性、静态性,并关注公司内部环境和能力。但是企业实践表明,企业面临的环境是不断变化的,准确预测未来趋势、执行事先制定的战略计划是不切实际的。与企业战略计划不同,企业战略管理的任务是积极主动为公司发展规划蓝图和方向,并且考虑公司如何影响环境、环境又会如何影响公司。遵循传统企业战略管理框架,Freeman(1984)提出公司在制定战略框架时应该采用利益相关者方法,并将利益相关者管理整合到企业战略框架中,提出了战略管理的利益相关者方法(框架)。战略管理的利益相关者框架的核心观点是:利益相关者及其关系是更为有效的用来思考、规划管理公司外部环境的分析单元,投资利益相关者对保证公司的生存、组织目标的完成至关重要。因此,公司在制定发展方向时必须考虑利益相关者的利益,并且采用战略的、一致的方式和方法管理利益相关者关系。Harrison 和 John(1994)指出 Freeman 提出的《战略管理:利益相关者方法》可以有效整合其他传统战略管理模型,比如资源观、认知理论和公司制度观。

一个经典的战略管理框架必须能够解决四个方面的问题:企业方向、战略计划、预算和控制系统。依据这四个方面,Freeman(1984)提出了战略管理的利益相关者方法(图4-2):①理性层面(组织整体)对应企业方向,主要解决以下问题:"谁是利益相关者?"以及"利益相关者所感

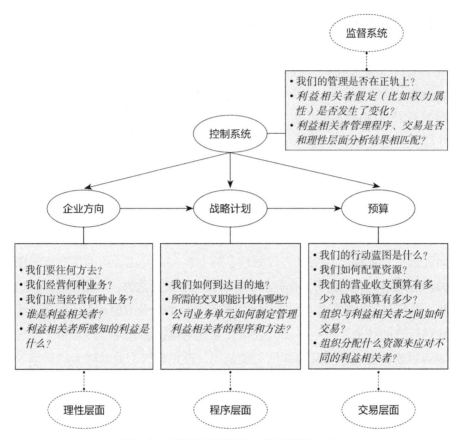

图4-2 企业战略管理框架：利益相关者方法

注：斜体部分为Freeman（1984）在《战略管理：利益相关者方法》中提出的企业利益相关者战略管理的关键问题。

知的利益是什么?"②程序层面对应战略计划，主要解决以下问题："组织在制定业务单元的战略管理程序（比如业务投资组合程序、战略评估程序）时，如何制定管理利益相关者的程序和方法?"③交易层面对应预算，主要解决以下问题："组织与利益相关者之间如何交易?"以及"组织分配什么资源来应对不同的利益相关者?"④监督系统对应控制系统，主要监测"利益相关者假定（比如权力属性）的变化"以及"利益相关者管理程序、交易是否和理性层面分析结果相匹配?"

4.2 为什么利益相关者理论和方法适合并且将推动工程项目风险管理

4.2.1 什么是项目？——利益相关者视角

利益相关者视角下，组织可以看成是不同利益相关者关系的集合，这些利益相关者由于对企业活动有利益依赖或者关注企业活动而影响企业。企业或企业委托的经理位于利益相关者网络的核心位置，负责战略决策、分配战略资源，满足不同利益相关者诉求的同时又最大限度地符合其他利益相关者的诉求。这些利益相关者既可以是企业内部的，也可以是企业外部的。本章认为这个利益相关者视角的企业定义同样也适用于工程项目，即从利益相关者角度，工程项目可以看成是"由内外部利益相关者构成的关系网络集合，这些利益相关者由于对项目活动有利益依赖或者关注项目活动而影响项目"。Freeman（1984）在其《战略管理：利益相关者方法》中将企业作为研究的中心，将企业及其利益相关者看成是独立的个体。本书的研究情境为工程项目，在本章构建的战略利益相关者风险管理框架中，工程项目是研究的中心，而项目及其利益相关者（组织或群体）是独立的个体（利益相关者视角下的工程项目，如图4-3上部分所示）。

项目管理文献也承认项目的利益相关者以及利益相关者网络属性。临时性组织（项目）通常被定义为两个或两个以上的组织在有限的时间内一起协作、共同完成一个复杂的任务。对于工程项目，Pryke（2004）也提出工程项目是一个临时性的联盟网络，包括组织内以及组织间的相互依赖关系。因此，利益相关者视角下的工程项目与主流项目定义不相悖，而是从以下两个方面拓展了传统的项目概念：一是"业主项目战略"，工程项目是内外部利益相关者的关系网络集合，而业主项目管理团队位于网络的核心位置，是制定并实施项目战略利益相关者风险管理的主体，利益相关者及其风险的管理是业主项目战略管理的一部分。二是"伦理与社会风险"，项目管理文献关于项目的定义局限于内部利益相关者，而利益相关者视角下的工程项目则包括外部利益相关者，这有利于解决与外部利益相关者有关的工程项目伦理与社会风险问题。综上所述，利益相关者视角下的工程项目定义及其两方面的内涵（业主项目战略、伦理与社会风险）共同形成了项目战略利益相关者风险管理框架的准则和基础（图4-3）。

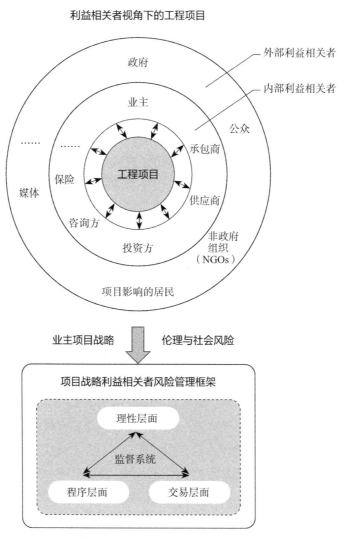

图4-3　利益相关者视角下的工程项目及其对风险管理的意义

4.2.2 业主项目战略

利益相关者视角下的工程项目定义第一个含义是指：项目层次的战略利益相关者风险管理框架与企业组织层次的利益相关者管理具有天然的关联性。如前所述，工程行业的企业多数是项目为主要业务形式的组织，这个特点决定了项目与母公司存在天然的联结。也正是基于此，项目管理文献已经将其重点从发展项目管理工具转移到关注项目与公司的嵌套关系上。对于利益相关者风险管理而言，企业的战略利益相关者管理是项目层次开展战略利益相关者风险管理的前提和基础。企业整体与其隶属的项目在资源分配上的整合和冲突是一个巨大挑战，而风险管理的核心便是资源的分配和管理，企业对不同项目的资源配置很大程度上决定了项目处理利益相关者问题的有效性。此外，组织的利益相关者管理实践和准则可以指导其项目进行利益相关者管理，组织对项目管理团队或人员建立项目利益相关者风险管理绩效考核和奖惩机制也将有助于项目层次上利益相关者风险管理的绩效提升。反之，项目利益相关者风险管理的经验积累也可以形成企业利益相关者管理的重要资产。

尽管项目与其关联的企业的战略利益相关者风险管理存在固有的联系，但是，本书提出应当在项目层次上独立地开展战略利益相关者风险管理，把利益相关者风险管理纳入项目战略管理。Artto等（2008）在广泛分析项目管理文献关于项目战略的研究时发现：大部分文献强调了项目战略对其母公司整体战略的依附关系（Obedient Servant），项目战略具有更多的"计划属性"，即母公司在项目前期制定项目目标，并且这个目标通常是静态的。但事实上，作为一种临时性组织形式，工程项目对外部环境（利益相关者环境）有很高的依赖性，而且外部环境具有很大的不确定性和动态性。因此，Artto等（2008）提出母公司应该授权项目管理团队在单个项目上实施战略管理，以允许项目独立地与其外部环境相适应，并根据外部环境的变化动态调整项目战略管理。这个观点也与经典企业战略管理文献相符，即环境与企业的互动是企业战略管理的核心要素。项目的利益相关者风险来源于利益相关者，而利益相关者具有不确定性和动态性，并且项目对利益相关者有很大的依赖性，因此，本章研究赞同 Artto 等（2008）的观点，即单个工程项目应该进行独立的战略管理，并进一步指出在制定项目战略管理时应包括项目利益相关者风险管理（即战略项目风险管理框架）。

本书进一步指出，业主企业的项目管理团队位于项目利益相关者网络的核心位置，是项目战略利益相关者管理的主导者，负责战略决策和战略资源分配，以满足不同利益相关者群体的诉求，实现项目目标（比如有效的质量风险管理）。工程项目包括很多不同的利益相关者企业，包括业主、设计方、施工方、咨询方等，而本章构建的战略利益相关者风险管理框架是从业主角度出发的，具体而言，业主项目管理团队应该主导制定并实施工程项目的战略利益相关者风险管理。这是因为项目成功主要是业主的期望和目标，而项目成功又受利益相关者风险的影响，因此业主有充分的动机在其项目上开展战略利益相关者风险管理。此外，工程活动中，业主处于绝对优势地位、掌握核心资源，而其他参与方则处于弱势地位、依赖于业主，所以，业主最有能力和资源协调各参与方、实行项目战略利益相关者风险管理。因此，业主项目管理团队是项目战略利益相关者风险管理的主导者。从项目战略视角出发，业主企业也构成了项目外部环境中的一个重要的利益相关者。

综上所述，项目利益相关者风险管理应该纳入项目层次的战略管理中，而业主的项目管理团队是项目战略利益相关者风险管理的主导者。项目战略利益相关者风险管理意味着业主项目管理团队应该树立牢固的"双赢"意识，与项目各参与方建立战略合作关系，促使项目管理和风险管理的绩效最大化。工程项目是典型的多组织结构，各个参与方之间联系密切，而合作关系可以减少来自内部利益相关者的威胁、增加他们的合作行为。比如，Banik（2001）发现如果业主愿意和承包商共担风险，那么承包商会更愿意承担与法律合同有关的风险。反之，不公平的风险转移则会引发一系列负面影响，比如转移方对项目的控制能力减弱，被转移方的机会主义行为，甚至项目长期收益受损。此外，利益相关者理论提出"内部利益相关者是应对外部利益相关者的通道"，也就是说，项目内部利益相关者的合作可以有效应对项目外部威胁风险，实现项目的社会价值。工程项目的内部利益相关者是相互联系的，而应对项目外部威胁风险依赖于各方的合作而不是任何单独一方。因此，业主项目管理者应该意识到"一条链中最薄弱的环节决定了它的强度"，这呼应了前文所阐述的利益相关者视角下工程项目的利益相关者网络属性。

4.2.3 伦理与社会风险

利益相关者视角下的工程项目定义第二个含义是指：工程项目不仅只为达成经济目的，也负有社会伦理责任。这并不是一味强调外部利益相关者，而是强调内部、外部利益相关者及其风险应该被同等重视和管理，而且项目内部利益相关者的有效管理还有助于应对项目外部威胁风险，实现项目的社会价值。企业经济绩效和社会绩效的双重特点在管理文献中探讨已久，企业社会绩效虽然不能直接产生经济价值，但是可以通过影响利益相关者而间接产生。大部分工程项目有广泛的经济和社会影响，与此同时，工程项目又遭遇来自外部利益相关者的社会威胁风险，这些社会风险通常与企业活动的社会责任有关。利益相关者理论强调抛开伦理谈商业是毫无意义的、抛开商业谈伦理也是毫无意义的，"组织不仅应只为股东创造价值，而应该关注更广泛的利益相关者利益"。因此，利益相关者视角下的工程项目定义将外部利益相关者整合到传统项目定义中，这将有助于工程企业及其项目管理团队重新认知"什么是项目"以及"什么决定了项目的成功"，逐步树立工程项目的社会伦理与责任意识，实现工程项目社会责任的良好履行以及社会风险的有效管理，这也将有助于工程项目经济目标的实现。

事实上，利益相关者理论的初衷便是帮助企业更好地应对来自外部动荡环境的挑战和威胁。Freeman（2004）进一步指出，企业外部环境的挑战和威胁（风险）来源于利益相关者及其互动。因此，包含内部和外部利益相关者的宽泛利益相关者观也暗示了宽泛的风险观，即风险可能来自内部利益相关者、外部利益相关者、内外部利益相关者内的互动，以及内部和外部间的互动。工程项目的经济绩效和社会绩效依赖于有效的内外部利益相关者风险管理，而有效的内外部利益相关者风险管理又依赖于对内外部利益者及其互动的有效管理。

为了帮助业主及其管理者更好地了解、分析项目利益相关者，可以将利益相关者按图4-3的方式分成内部、外部两类。内部利益相关者是指和项目相关方有正式合同关系的，并参与到具体工程项目建设活动的参与方。内部利益相关者通常投入对项目建成有帮助的某种形式的资本，比如材料、人力、资金等。但是，外部利益相关者通常不会参与工程项目建设活动，而是被动地受项目建设活动的影响。通常情况下，外部利益相关者是跟项目没有正式合同关系的。图4-3只是描绘了一般的利益相关者群体，对于一个具体的项目而言，则应该建立与该项目相关的、具体的利益相关者表格。另外，将利益相关者群体划分为内部和外部，并不是将内部或者外部利益相关者一方的利益置于另一方之上。正如前面所强调的，工程项目的成功以及有效的风险管理取决于对内部和外部利益相关者的有效管理。内、外部的划分只是帮助工程企业及其项目管理团队更好地认识项目的利益相关者环境，并树立对项目外部利益相关者和项目社会风险的关注意识。此外，内、外部的划分也有助于针对内部和外部利益相关者制定不同的管理策略，建立监督考核制度，以分别评价内部和外部利益相关者管理绩效，最终推动工程项目经济绩效和社会绩效的平衡发展。

4.3　项目战略利益相关者风险管理框架

本章所构建的战略利益相关者风险管理框架是基于Freeman（1984）提出的《战略管理：利益相关者方法》，并且考虑了工程项目的现状和挑战。战略利益相关者风险管理的主要问题总结在图4-4中，下面将从理性

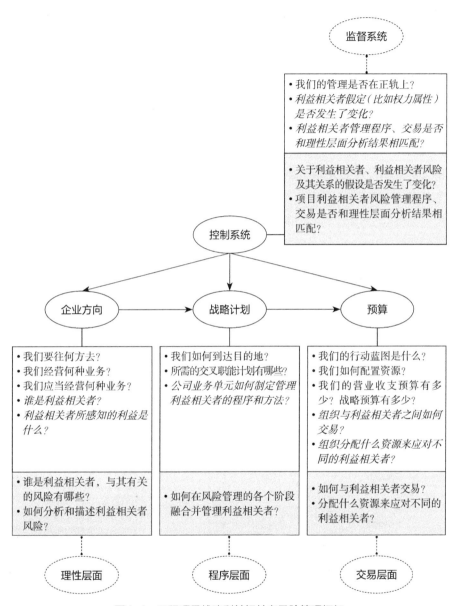

图4-4 工程项目战略利益相关者风险管理框架

注：斜体部分为Freeman（1984）在《战略管理：利益相关者方法》中提出的企业利益相关者战略管理的关键问题，灰色矩形框为本章研究构建的项目战略利益相关者风险管理涉及的关键问题。

层面、程序层面、交易层面和监督系统详细论述各个问题。

4.3.1 理性层面：基于利益相关者的"利益相关者-风险"图谱

理性层面，业主项目管理团队在制定项目战略时，应该考虑以下问题："谁是利益相关者？与其有关的风险有哪些？"以及"如何分析和描述利益相关者风险？"Freeman（1984）将"利益相关者图谱"作为组织利益相关者战略管理的开始，在这个图谱中，企业位于图谱的中心，企业的利益相关者呈反射状围绕企业，企业与每个利益相关者直接相连。与之类似，如图4-5所示，"利益相关者-风险"图谱是战略利益相关者风险管理的起点。与利益相关者图谱不同，"利益相关者-风险"图谱的中心是项目，与项目直接相连的是风险，而风险是由利益相关者产生的：项目目标的实现依赖于项目风险的有效管理，而风险的有效管理依赖于与各个风险有关的利益相关者的有效管理。

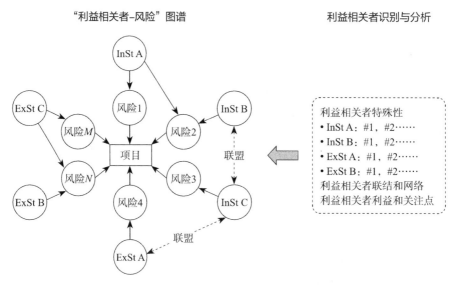

图4-5　理性层面：基于利益相关者的风险描述

注：InSt=内部利益相关者，ExSt=外部利益相关者。

传统工程项目风险管理强调风险识别和分析作为管理的开始，与之不同的是，在项目战略利益相关者风险管理框架中，我们强调的是利益相关者识别和分析。也就是在描绘"利益相关者-风险"图谱时首先是识别和分析项目的利益相关者，然后再识别和分析与利益相关者有关的风险（基于利益相关者的风险描述）。利益相关者理论强调"问题源自利益相关者的行为或者互动，因此，利益相关者是更为基础和有用的分析单元"。对于工程项目的利益相关者风险而言，这意味着风险管理更为基础和更为有用的分析单位是利益相关者及其关系，而不是风险本身。因此，利益相关者识别和分析对理解风险的发生原因十分重要。以下阐述基于利益相关者的风险描述需要注意的三个方面。

首先，分析与项目有关的利益相关者及其风险，不仅是分析一般利益相关者，更重要的是分析与特定项目有关的特殊的、具体的利益相关者。比如，"承包商"代表"承包商"这个一般利益相关者群体，这个群体可能产生技术风险，但是对于一个项目而言，可能存在多个承包商，这些承包商本身属性的差异（比如权力差异）可能导致技术风险的类别和严重性也有所差异。总而言之，利益相关者风险管理更多的是依赖于利益相关者分析的"特殊性"，而不是"一般性"。正如Freeman（1984）所建议的，详细的利益相关者表格对特殊的利益相关者分析会有所帮助。

其次，基于利益相关者的风险描述意味着风险不仅仅来自单个利益相关者，也可能来自利益相关者间的结盟和网络。比如，内部利益相关者网络可能通过工程项目的活动或工序联结产生；内部利益相关者也可能采用社交或领导能力主动创造网络；外部利益相关者间也可以建立网络。比如，在一个国外住宅项目中，受项目影响的居民因为住宅的高度和密度将会影响他们的居住环境而反对项目建设，为此，他们上诉到州政府并成功通过政府驳回了这个项目的立项。在这个案例中，居民通过政治和法律手段构建了居民和州政府之间的利益相关者网络，形成了对项目的威胁风险。当然，网络也可能存在于项目内部和外部利益相关者之间。利益相关者网络可能威胁项目，也可能对项目产生有益的影响，而为了自身的利益，各个利益相关者都有可能联结其他方构建网络。业主项目管理团队应该意识到可能出现的或被创造的利益相关者网络，此外，为了项目的成功，业主项目管理团队也可以积极地、先发制人地创造利益相关者网络。

最后，基于利益相关者的风险描述需要分析各个利益相关者在项目中的利益以及他们可能采取什么方式影响项目目标的实现。比如，设计单位作为项目的内部利益相关者，负责项目设计以获得报酬，他们也就有可能通过设计方案而影响项目的成本、质量等方面。比如，受项目影响的居民作为项目的外部利益相关者，他们的居住环境可能受到项目的影响，因此，他们也就可能因为环境、生态问题通过抗议等方式影响项目的顺利开展。在分析利益相关者的利益时，需要特别注意的是，利益相关者自身认为的其在项目中的利益与管理者认为的利益相关者在项目中的利益是存在差异的。比如，在荷兰一个桥梁项目中，居住在船上的船主认为项目影响了他们的生活而抗议项目建设，最终导致该项目延期，但是，项目管理团队在对这个项目的利益相关者进行分析时却没有意识和考虑到这些船主及其利益。因此，管理者必须意识到他们对利益相关者利益的认知与利益相关者自身对其利益的认知很有可能是不同的，并且要仔细确认自身的认知是否符合利益相关者的利益期望。正如Freeman（1984）所说，如果管理者对利益相关者的认知和设定与利益相关者自身的期望是有出入的，那么再高明的战略管理恐怕也不会奏效。总而言之，管理者要换位思考，站在利益相关者的角度分析他们对项目的利益期望，以及对项目的实际和潜在影响。

4.3.2　程序层面：风险管理过程整合利益相关者管理

组织战略管理的程序层面反映的是组织做事的方式，也就是业务单元常规的标准化管理过程和程序。组织可以看成是一系列业务单元的集合，同样地，工程项目的业主企业也是同时开展多个项目（业务）的组织。很多企业常常将利益相关者管理从业务部门中分离出来，单独设立一个公共关系部门来处理利益相关者问题。但是，Freeman在《战略管理：利益相关者方法》中指出，利益相关者管理的具体实施活动应该由企业的各个业务部门负责。对于工程项目战略利益相关者风险管理而言，这意味着业主应该将具体的利益相关者管理职能授权给项目管理团队，并且最好将利益相关者管理绩效纳入项目管理者的工作绩效考核体系。业主项目管理团队需要解决以下问题："如何在风险管理的各个阶段融合并管理利益相关者？"也就是如何发展恰当的策略将不同利益相关者整合到项目风险管理过程中（图4-6）。以下阐述业主项目管理团队将风险管理过程整合利益相关者管理中需要注意的三个方面。

如前所述，业主应该与工程项目的其他参与方合作以使项目管理和风险管理绩效最大化。具体到项目程序层面，业主项目管理团队应该与内部利益相关者订立合约，明确内部利益相关者参与项目风险管理的阶段、方式等。此外，各参与方应该就项目风险管理的各个阶段（从风险识别到风险评估再到风险应对和控制）的程序和方法建立共识，并且最好是形成正式的合约。内部利益相关者的参与有助于满足其自身的需求，避免潜在冲突，激发积极的正面行为，促进共同学习，最终提高项目风险管理的有效性。

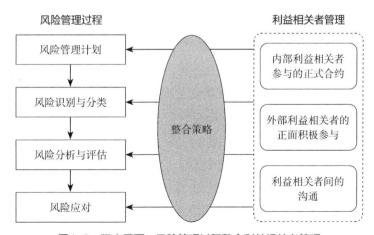

图4-6　程序层面：风险管理过程整合利益相关者管理

某些风险管理阶段，比如风险识别、风险评估和风险应对等，也可以得益于外部利益相关者的参与。Olander和Landin（2008）提出项目前期对外部利益相关者的识别和有效沟通可以避免威胁风险。外部利益相关者中的一个典型代表是公众。工程项目具有广泛的社会和环境影响，因此，公众是一类重要的外部利益相关者。一方面，他们可以对项目构成威胁，比如上文提到的住宅项目和桥梁项目。另一方面，公众或受项目直接影响的居民也可能给项目建设带来益处，这是因为公众参与有助于建立项目和公众之间的双向沟通渠道，双方可以通过这个渠道自由表达意见，这将进一步提高决策的可信度、项目的长期生存能力。比如Delhi等（2012）发现，PPP项目中的公众参与可以有效降低项目和受项目影响的社会群体之间的冲突。因此，项目管理团队有必要将公众纳入风险管理过程中，特别是当他们的生活可能受到项目潜在威胁，或者他们可以为项目提供关于项目建设地背景知识的时候。

　　最后，业主项目管理团队应该建立内外部利益相关者之间通畅的、互相信赖的沟通环境。如果把组织（包括项目）看成是个体或子联盟组织的联盟体，Cyert和March（1963）指出在不确定环境下，组织必须从其外部环境获得反馈。因此，对具有高风险和不确定性的工程项目而言，利益相关者间有效的沟通和反馈机制非常重要。有效的沟通和反馈有助于发现不同参与方对风险的认知差异，提前预警，寻求互相理解，达成共识。风险管理的有效合作很大程度上取决于信息的可获得性和分享。为了确保信息沟通的有效性，项目管理团队需要考虑沟通的敏感性、时效性和频率三个方面。但是，目前我们对风险信息应该如何在具有不同知识背景的利益相关者间描述、展现和沟通却研究得很少。

4.3.3　交易层面：风险/回报合约

　　在交易层面，业主项目管理团队在与项目利益相关者日常交易中，需要解决以下问题："如何与利益相关者交易"以及"分配什么资源来应对不同的利益相关者",以达到通过管理利益相关者而减轻项目风险的目的。在战略利益相关者风险管理的交易层面,业主企业及其项目管理团队在决定与项目利益相关者交易的方式时,需要对利益相关者参与风险管理过程确立明确的、正式的回报机制。业主和项目的内部利益相关者之间的交易本质上属于协商型交换(Negotiated Exchanges),也就是双方提前订立交换的规则,并产生互惠的利益,尽管这种互惠是不平等的,但是互惠是双方交易的前提。工程项目中承担风险通常意味着潜在损失,而业主和内部利益相关者交易的互惠本质决定了需要有正式的风险/回报合约机制来保证内部利益相关者在风险管理上的合作。业主项目管理团队在与项目的各个利益相关者日常交往中,要遵循合同的规定,将合同约定的资源投入相应的利益相关者身上,建设并维持良好的利益相关者关系。

关于合约机制,第一个方面是项目交易模式,工程项目交易模式是指"项目参与方为了实现业主的目标与目的,完成预定的工程设施而组织实施项目的系统方式"。项目交易模式决定了各方的责任和义务,包括各方风险分担情况。割离的契约管理会导致利益相关者之间无法开展合作,这就违背了战略利益相关者风险管理的准则:业主项目管理团队主导的内部利益相关者间的协作风险管理。因此,Partnering项目交易模式更有利于战略风险管理的实施。而Partnering项目交易模式有很多类别,比如IPD(Integrated Project Delivery)合约就可以很好地规定参与方的风险承担和回报方式。但是,没有一种交易模式是绝对优于其他模式的,尽管如此,我们还是可以根据特定项目选择适合的项目交易模式。项目交易模式的选择需要考虑业主以及其他关键利益相关者的需求、项目特点以及外部环境等因素。

此外,具体的合约条款也会影响交易质量。因此,业主应与各内部利益相关者明确风险承担和回报方式的条款。明确的回报条款不仅可以激励参与方努力减轻风险以获得回报,也可以减少机会主义行为,这也有助于减轻项目风险。在订立合约时,业主也需要考虑公平性的问题。在实践中,业主常常通过合同条款把风险转移给弱势方,造成风险分担的不公平，而不公平的条款会引发对方的敌意、威胁行为，这反而会增大项目风险。

4.3.4 监督系统："利益相关者-风险"动态性与各层面的一致性

项目战略利益相关者风险管理框架的监督系统涉及两个主要方面："关于利益相关者、利益相关者风险及其关系的假设是否发生了变化？"以及"项目利益相关者风险管理程序、交易是否和理性层面分析结果相匹配？"第一个方面指的是利益相关者及其风险的动态性。动态性指的是变量状态会随着时间发生变化，即使在经济领域动态性分析也是十分棘手的问题，因此，工程项目中利益相关者风险的动态性缺乏有效的管理也是可以理解的。工程项目的动态性是固有的，而且利益相关者的动态性、风险的动态性以及两者交互的动态性都是固有的。事实上，利益相关者的动态性研究也是一般情境利益相关者研究的重要方向。因此，业主及其项目管理团队应该持续监测关于利益相关者及其风险的初始假设和分析，包括利益相关者构成、利益相关者间的关系以及利益相关者与其风险的关系，并及时调整战略风险管理。监督系统的第二个方面指的是业主项目管理团队应该确保项目利益相关者风险管理程序、交易都与理性层面的"利益相关者-风险"图谱分析结果相匹配。程序和交易层面的项目利益相关者风险管理和实施要与理性层面的分析结果相符合，当项目理性层面的利益相关者及其风险环境发生变化，程序层面和交易层面也要及时作出调整。

4.4 本章小结

项目的管理包括制度战略层、操作层和战术层三个层面，风险管理是项目管理的十大领域之一，因此，项目风险管理也应该涵盖这三个层面。但是，风险管理准则和文献将项目风险管理的主要目的和任务归为过程和方法方面，包括风险管理全过程，以及风险识别、评估、应对和控制各个风险管理阶段。因此，目前的项目风险管理研究主要停留在操作和战术层面。本章研究基于企业战略管理的利益相关者方法，提出了以项目为中心的项目战略利益相关者风险管理框架，其中业主项目管理团队是战略利益相关者风险管理的主导者，这从项目战略层面为项目利益相关者风险的理论研究和实践管理提供了新的思路。

Padalkar和Gopinath（2016）对项目管理研究进行系统综述发现，项目管理研究的理论基础比较薄弱。在构建理论的早期阶段，借鉴其他领域的成熟理论也许是个可行的方法。在项目管理研究中，尽管很多文献涉及利益相关者概念，但是这些文献只是使用了"利益相关者"这个名词，并没有明确界定利益相关者的概念，并且只是对项目利益相关者进行实证分析，缺乏对利益相关者理论的深入探讨和借鉴。为了弥补此缺陷，本章研究借鉴利益相关者视角下的企业定义，界定了项目的概念："由内外部利益相关者构成的关系网络集合，这些利益相关者由于对项目活动有利益依赖或者关注项目活动而影响项目"。基于此概念，进一步提出了实施项目利益相关者风险管理的两个核心准则：业主项目战略以及对工程项目伦理与社会风险的关注。基于《战略管理：利益相关者方法》，构建了工程项目的战略利益相关者风险管理框架，该框架从理性层面、程序层面、交易层面和监督系统四个方面阐述了战略利益相关者风险管理的内涵和关键问题。因此，本章提出的项目战略利益相关者风险管理准则和框架从项目风险管理这个领域深化和拓展了利益相关者理论在项目情境中的应用，促进了项目管理研究对理论的借鉴和发展。

此外，本章研究还从风险管理的视角丰富了项目战略研究。项目与母公司有天然的联结，许多项目管理文献将其重点从发展项目管理方法转移到关注项目与公司的嵌套关系上［如Hobday（2000）；Braun等（2013）］，大部分的项目战略研究和项目管理实践也将项目作为母公司战略管理的从属。但是，项目作为一种临时性组织，又有自己的特点，比如外部环境的特殊性、动态性和不确定性，因此，项目不应该只是执行母公司的战略计划，而是应该在项目上独立开展战略管理。本章研究在此观点的基础上进一步提出项目战略管理应该包括利益相关者风险管理，并进一步阐述了如何在项目层次开展战略利益相关者风险管理，为项目战略管理提供了新的思路，丰富了项目战略研究。

总之，本章依据利益相关者理论的核心观点，从利益相关者视角阐释了工程项目的含义，并提出了项目战略利益相关者风险管理的两个准则：业主项目战略、对工程项目伦理与社会风险的关注。在此基础上，依据《战略管理：利益相关者方法》构建了工程项目战略利益相关者风险管理框架，从理性层面、程序层面、交易层面以及监督系统这四个方面重点论述了战略利益相关者风险管理的准则和关键问题，为利益相关者风险管理与评估的理论研究和实践提供了新的思路和方法。

第 5 章 利益相关者风险评估方法：利益相关者属性对其风险严重性的影响

本章选择承包商这个利益相关者，基于利益相关者理论、社会交换理论、经济视角以及问卷数据，解释并实证分析了承包商利益相关者的属性（承包商感知到的自身重要性、承包商项目立场）是否、如何以及在什么条件下影响其风险严重性，整体假设模型如图5-1所示：承包商感知到的来自业主给予的重要性越大、承包商对项目的态度越积极，承包商相关风险的严重性越小，而这个影响的发生依赖于承包商对其和业主之间风险分担的公平性感知。工程项目的施工阶段是承包商风险的频发阶段，因此，假设模型分析限定在工程项目施工阶段。

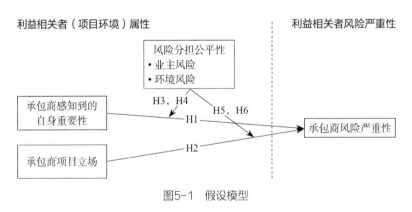

图5-1　假设模型

注：H为假设。

基于利益相关者属性会影响其风险的严重性大小，本章进一步提出利益相关者风险评估模型以量化并整合利益相关者属性。利益相关者对风险严重性影响的概念如图5-2所示，风险的实际严重性由平均值和变异值相加得到。工程项目单个风险评估的主流模型是"概率-影响"模型，其中风险概率（P_0）和后果的影响大小（I_0）是基于专家经验或历史统计数据估计得到的，本章研究将此概率与影响的乘积称为风险严重性的"平均值"。在一个特定的工程项目中，假若这个风险来源于某个利益相关者，

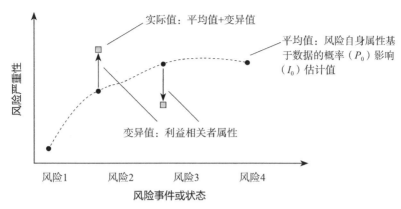

图5-2 利益相关者风险严重性：风险自身属性与利益相关者属性的整合分析

则这个利益相关者的属性可能会加大风险的实际严重性，当然也可能会降低风险的实际严重性，本章研究将这个与利益相关者属性有关的不确定值称为风险严重性的"变异值"。比如，对于风险A，根据专家经验，其发生概率和后果影响大小分别为P_{A0}和I_{A0}，那么这个风险的"平均严重性"估计值为$P_{A0} \times I_{A0}$，而这个风险来源于承包商X，它对项目的态度是"不支持"甚至"敌对"，那么这个承包商X造成的风险其实际概率或后果很有可能增大，风险的严重性也就随之增大。在传统"概率-影响"模型的基础上，本章研究构建了利益相关者风险评估模型，综合考虑：①风险属性指数（"概率-影响"）；②利益相关者属性指数（重要性维度："权力性-合法性-紧迫性"；项目立场维度）。

5.1 理论分析与假设提出

5.1.1 利益相关者重要性

"利益相关者重要性"这个概念是组织管理领域提出的，Mitchell等将其定义为"管理者优先考虑利益相关者及其诉求的程度"。在工程项目中，业主及其项目管理团队与一般组织情境中公司及其管理者的角色是一样的,即业主及其项目管理团队处于工程项目利益相关者网络的核心位置,负责战略决策和战略资源分配,以满足存在差异的不同利益相关者及其诉求。Cyert和March（1963）将组织描述为个体和子联盟体（Sub Coalition）的联盟,这些个体和子联盟体有不同的需求,而组织在同时面临多样的利益相关者问题时,侧重点是不断变化的,能力和资源也是有限的。因此,业主（组织）给予不同利益相关者的关注和优先级不可避免地会存在差异。事实上,实践中管理者要频繁面临权衡、取舍不同利益相关者及其诉求的情况。也许正是因为实践管理中权衡取舍确实很频繁、棘手,所以学者一直在强调利益相关者重要性的评估、倡导识别并关注有限的关键利益相关者,并且常常将利益相关者优先级排序作为利益相关者管理过程的必要步骤。

基于社会认知理论,Agle等（1999）提出不同利益相关者重要性之所以存在差异是因为管理者的关注点（Selectivity）和对关注点的投入程度（Intensity）是不同的。而关注点选择和投入程度则受管理者特性的影响,因为事实上"是公司的管理者决定了哪个利益相关者是重要的以及谁应该得到管理者重视"。关注点选择和投入程度也可能受利益相关者自身特性的影响,比如,管理者可能重点关注那些掌握关键资源的利益相关者。一个对国际工程项目的案例研究发现,工程项目的利益相关者会积极采取策略干扰,影响他们在项目管理团队眼里的重要性,包括撤回关键资源策略、构建联盟体策略等。最后,"利益相关者重要性是一个公司战略问题",也就是说,公司的价值观和战略规划也会影响管理者的关注点和投入程度,也就会造成不同利益相关者的重要性差异。总而言之,与组织的管理者类似,工程项目的业主项目管理团队也会给予不同利益相关者及其诉求不同的优先级,而优先级差异可能来源于管理者特性、利益相关者特性以及公司环境因素,比如战略规划等。

尽管Mitchell等（1997）从管理者的视角定义了利益相关者重要性的概念,但是,利益相关者重要性本质上是一个多视角的、在社会活动中构建的认知的而非客观的概念。作为两个不同的利益相关者群体，业主和承包商两者的"社会结构"（Social Structures）（比如角色、利益、权力等）是不同的。而社会结构连同"文化系统"（Cultural Systems：人们关于什么是对错的判断体系）会影响人们的认知和行动。因此，业主和承包商对"承包商重要性"（业主优先考虑承包商诉求的程度）的感知可能是存在差异的。尽管不是研究承包商重要性感知的差异，但是，现有研究已经发现了工程项目中利益相关者在其他方面的感知和行为差异，比如对风险重要性的感知和风险决策等。总而言之，业主认为自身给予承包商的优先级（"业主认为的承包商重要性"）与承包商感知到的来自业主的优先级（"承包商感知到的自身重要性"）是不同的，本章研究模型中涉及的是后者，即承包商感知到的自身重要性。

5.1.2 承包商感知到的自身重要性与承包商风险严重性

如前所述，本书"利益相关者风险"是指与利益相关者个体行为以及利益相关者互动有关的不确定事件或状态，一旦发生，会对项目目标造成积极或消极的影响。而承包商风险严重性指的是由承包商行为造成的消极、威胁风险的严重性，比如工程事故、质量缺陷等风险。一般情境利益相关者研究认为如果利益相关者的诉求被给予很高的优先级并且被充分处理，那么利益相关者会减少或避免敌意的威胁行为和活动而表现出支持活动。对应于工程项目这个特定情境而言，也就是当承包商感知到业主对自身的诉求非常重视时，承包商会表现更多的支持行为，其风险严重性也会降低，这进一步有利于业主期待的项目目标（比如工程质量合格）的实现。从一般意义上来说，关注利益相关者诉求意味着良好的公司绩效。

本书采用社会交换理论来更好地解释承包商感知到的自身重要性与承包商风险严重性的关系。社会交换理论假定自我利益的个体与其他自我利益的个体进行交易或者交换，以达成交易方自身无法完成的目标，并且从长期来看，这种交换在主体间是重复出现的。工程项目中，承包商和业主的关系就是这样的交换关系，双方都有各自的利益和目标，但是各自目标的实现又依赖于彼此，并且从长期来看，承包商和业主也会进行重复的交换活动。承包商和业主的交换关系可以进一步归为协商型交换（Negotiated Exchanges），也就是双方提前订立交换的规则，并产生互惠的利益，尽管这种互惠是不平等的。

根据社会交换理论的回馈原则，交换关系的一方为了回应另一方的友好行为、帮助或提供的其所珍视的东西，会采取合作的、回馈对方的行为。因此，当业主优先考虑和处理承包商的诉求时，承包商作为接受方很有可能通过减轻自身行为相关的、对项目目标构成威胁的风险这种方式回馈业主，以实现业主所期待的目标，比如工程质量合格等。本书采用社会交换理论的回馈原则解释"承包商感知到的自身重要性-承包商风险严重性"关系是得到最近研究成果支持的。比如Fassin（2012）提出一个公司若对其利益相关者负责，那么与公司有互惠关系的利益相关者也应该展现回馈公司的行为。

除了采用上述社会交换理论的回馈原则解释"承包商感知到的自身重要性-承包商风险严重性"的关系外，事实上，如果承包商的诉求受到业主的及时、充分重视，那么这可能直接减轻承包商风险的严重性。相反地，如果业主消极对待承包商诉求，那么可能直接增大承包商风险严重性。比如，如果业主延迟支付承包商申请工程款的诉求，那么承包商很有可能因为资金紧张而采用质量不达标的材料。又比如，承包商在施工阶段提出合理的工程变更，如果业主没有及时回复或者不予理会，那么施工进度很可能受到影响，而且工程质量也有可能因为错过了合理的变更方案而打折扣。

对于承包商风险严重性，本章研究测量5个常见承包商风险的严重性，包括：①受伤和事故；②质量缺陷；③交付延迟；④成本超支；⑤违反合同规定。测量时，这5个风险在某个项目中的严重性独立测量，而不是测量项目中承包商风险严重性的整体水平，这是因为承包商风险种类太多，很难综合测量其风险严重性的整体水平。根据上述分析，提出以下研究假设：

H1：承包商感知到的自身重要性与承包商风险严重性负相关，承包商风险包括受伤和事故（a）、质量缺陷（b）、交付延迟（c）、成本超支（d）以及违反合同规定（e）。

5.1.3 承包商项目立场与承包商风险严重性

"态度"是指个体对人、场所、客体（比如工程项目）和问题的评价。"利益相关者立场"指的是利益相关者对项目的态度，不同的利益相关者对项目可能持有不同的态度，包括支持项目的积极态度，也包括不支持项目的消极态度。利益相关者对项目的消极立场可能对项目目标构成严重威胁。从更广泛的层面来说，Chinyio和Olomolaiye（2010）提出利益相关者可能影响组织的功能、目标、发展，甚至是生存：当利益相关者支持组织目标时，他们对组织是有益的，但是当他们反对组织时，他们就构成了威胁。根据上述分析，提出以下研究假设：

H2：承包商项目积极立场与风险严重性负相关，承包商风险包括受伤和事故（a）、质量缺陷（b）、交付延迟（c）、成本超支（d）以及违反合同规定（e）。

5.1.4 风险分担的调节作用

社会交换理论以及利益相关者研究中涉及的回馈原则指出：有交换关系的两方，其中一方负有回馈另一方支持、友好行为的义务。但是，事实上，有些利益相关者会展现回馈行为，但是有些却不会。本章研究模型提出，工程项目中风险分担的公平性作为一个情境变量将调节"承包商感知到的自身重要性–承包商风险严重性"的关系：当承包商和业主间的风险分担是公平的时候，承包商回馈业主满足其诉求的回馈行为会被加强。

风险分担的公平性是指"不同的风险由最合适承担它的一方承担"。但是在具体的工程项目实践中，由于承包商的弱势地位、业主拥有合约订立之前的议价权利等因素，业主和承包商之间的风险分担通常是不公平的。比如，环境风险是指那些由于自然、经济、社会、政治、技术等环境造成的风险，理论上来说，这些风险应该在业主和承包商双方之间合理均衡分担，但是，实践中，承包商却经常承担大比例的环境风险。业主风险是指由业主行为造成的风险，理论上，这些风险应该由业主承担，但是在实践中，业主经常将这些风险转移给承包商。因此，工程项目中的环境风险和业主风险的分担公平性可能差异很大，有可能是公平分担的，也有可能是很不公平的（即大比例转移给承包商）。

  风险分担公平性对"承包商感知到的自身重要性-承包商风险严重性"关系的调节作用，可以从社会交换理论的心理视角解释。组织对其利益相关者负责、利益相关者会回馈公司，而利益相关者回馈的强度则会受到公司对其公平程度的影响。Molm等（2000）也指出在一个不确定的、充满风险的环境中，交换的公平性会加强回馈行为。如果一个工程项目中，风险在承包商和业主间公平分担，那么，承包商基于业主对其诉求的重视而产生的回馈行为（即减轻自身风险严重性）将会被加强。相反地，如果风险分担是不公平的，那么即使业主重视承包商的诉求，承包商也有可能不回馈业主，或者回馈程度被减弱。

  风险分担公平性对"承包商感知到的自身重要性-承包商风险严重性"关系的调节作用，也可以从经济视角解释。经济视角认为组织是理性的，因此，组织是基于期望收益和成本作决策的。工程项目中，承担更多的风险通常意味着更多的损失，包括风险发生后的实际损失以及为了预防风险发生而付出的时间、努力等其他形式的资源投入。也就是说，承担更多的风险造成了承包商预期成本的上升。而预期成本与预期收益的不平衡可能导致回馈行为、关系的中止。也就是说，即使业主重视满足了承包商的诉求，但是由于承担更多的风险意味经济损失，承包商为了降低自己的预期损失、节省成本，仍然有可能对项目抱有消极的态度而不努力完成业主的目标，反而是寻求策略减轻自己的损失，比如降低工程质量、违反合同规定以获取额外收益等。同样地，即使承包商对项目持有积极的、支持的立场和态度，当风险分担不公平时，他们仍然可能采取威胁项目目标实现的行为来减少自己的损失。根据以上分析，提出以下研究假设：

H3：承包商对业主风险分担公平性的感知会调节承包商感知到的自身重要性与风险严重性的负向相关性：业主风险分担越公平，相关性越强。承包商风险包括受伤和事故（a）、质量缺陷（b）、交付延迟（c）、成本超支（d）以及违反合同规定（e）。

H4：承包商对环境风险分担公平性的感知会调节承包商感知到的自身重要性与风险严重性的负向相关性：环境风险分担越公平，相关性越强。承包商风险包括受伤和事故（a）、质量缺陷（b）、交付延迟（c）、成本超支（d）以及违反合同规定（e）。

H5：承包商对业主风险分担公平性的感知会调节承包商项目立场与风险严重性的负向相关性：业主风险分担越公平，相关性越强。承包商风险包括受伤和事故（a）、质量缺陷（b）、交付延迟（c）、成本超支（d）以及违反合同规定（e）。

H6：承包商对环境风险分担公平性的感知会调节承包商项目立场与风险严重性的负向相关性：环境风险分担越公平，相关性越强。承包商风险包括受伤和事故（a）、质量缺陷（b）、交付延迟（c）、成本超支（d）以及违反合同规定（e）。

5.2 基于承包商的实证分析

5.2.1 研究方法

1. 分析单位与被试

检验假设模型的分析单位是工程项目。也就是说，本章的研究对象是工程项目，通过问卷调查法以获得项目相关的研究变量，包括工程项目中承包商感知到的自身重要性、承包商项目态度、各个承包商风险的严重性以及风险分担公平性。被试是来自中国境内工程项目的承包商项目经理,承包商项目经理之所以被选择为被试是因为他(她)们对研究变量的熟悉程度。

设计问卷并通过网络平台发布给126名承包商项目经理。完整问卷见附录。问卷的开始部分提示项目经理按照目前正在参与的项目实际情况填写问卷中与项目相关的题项,这可以避免回忆模糊等问题。此外,利益相关者重要性具有动态性,而本书设计是横断面研究,因此,限定项目经理根据所在项目施工阶段的情况作答。

为了剔除不认真作答的问卷,在问卷中增测性格特质。具体采用中国版大五人格量表(每个特质有两个相反题项进行评价,比如"外向性"的两个题项为"外向的,精力充沛""内向的,安静的")。项目经理在一个7级李克特量表上进行评分,从1(非常不赞同)到7(非常赞同)。数据分析时,将同一特质的一个相反题项得分倒置(8-得分),若倒置后的题项和另外一个题项的得分相差在2分以上则删除问卷,最终得到有效问卷118份,有效回收率为93.4%。这个样本大小符合Nunnally和Bernstein(1994)建议的假设模型最小样本量需求:"自变量为2个或3个,如果样本大于等于100,那么参数估计的误差将会很小"。项目背景信息以及被试的承包商项目经理基本信息见表5-1。

被试及项目基本信息 表5-1

承包商项目经理信息			
变量		频数	比率(%)
性别	男	109	92.4
	女	9	7.6
年龄(岁)	20~29	35	29.7
	30~39	59	50.0
	40~49	21	17.8
	50~59	3	2.5
	≥60	—	—

续表

承包商项目经理信息			
变量		频数	比率（%）
工作年限（年）	≤5	29	24.6
	6~10	31	26.3
	11~15	31	26.3
	16~20	18	15.2
	≥21	9	7.6
项目信息			
变量		频数	比率（%）
项目类型	住宅/商业建筑	17	14.4
	基础设施（地铁、水利水电等）	88	74.6
	其他	13	11.0
项目投资（元）	≤5千万	10	8.5
	5千万~2亿	22	18.6
	2亿~5亿	36	30.5
	5亿~10亿	29	24.6
	>10亿	21	17.8
项目建设工期（年）	≤1	11	9.3
	1~3	53	44.9
	3~5	51	43.2
	5~10	2	1.7
	≥11	1	0.9

注：$N=118$；一个承包商项目经理对应一个工程项目。

2. 变量测量

承包商感知到的自身重要性。该变量用Agle等（1999）构建的3条目量表来测量，包括：①"业主会优先考虑我们的诉求"；②"业主投入大量的时间和精力来处理我们的问题"；③"业主非常重视我们的诉求"。

3个条目都采用5级李克特量表测量（1=非常不同意，2=比较不同意，3=中立，4=比较同意，5=非常同意）。

承包商风险严重性。测量5个常见的承包商风险严重性，包括：①受伤和事故；②质量缺陷；③交付延迟；④成本超支；⑤违反合同规定。被试对这5个风险在其参与的工程项目中的实际严重性进行评估，严重性由各个风险的发生频率和带来的经济损失大小的乘积来衡量。频率和经济损失都采用5级李克特量表来测量（比如，对频率来说：1=非常低；2=比较低；3=中立；4=比较高；5=非常高）。

承包商项目立场。承包商对项目的立场采用5级李克特量表来测量（1=非常不支持；2=比较不支持；3=中立；4=比较支持；5=非常支持）。因此，数据分析中，分值越高代表承包商对项目的态度越积极、越支持。

承包商风险分担公平性感知。工程项目中，业主风险和环境风险的分担通常是不公平的。业主风险包括4个：①业主设计缺陷；②业主延期支付；③业主提供信息延误；④施工场地取得延迟。环境风险包括3个：①不可抗力；②物价上涨；③异常不利的气候条件。对业主风险来说，分担公平性是指风险由业主承担，而对于环境风险，分担公平性是指风险由业主和承包商合理分担。被试对所在项目这7个风险的分担情况作出评价，采用5级李克特量表（1=非常不公平；2=比较不公平；3=中立；4=比较公平；5=非常公平）。

控制变量。对于本章的研究模型，选择了5个控制变量。项目复杂性与风险严重性相关，因此，项目复杂性被设为控制变量，其测量是采用单条目，即"您所在项目的复杂程度是：1=非常不复杂；2=比较不复杂；3=中立；4=比较复杂；5=非常复杂"。除了项目的复杂程度，项目其他特点也可能影响风险的严重性大小，因此，测量并控制了其他4个与项目有关的变量，包括项目类型、项目投资、项目建设工期和项目进度，其中，前3个变量的测量见表5-1，项目进度的测量采用5个等级来衡量项目在调研时的实际工程量相对于总工程量的比例（1=20%，2=40%，3=60%，4=80%，5=80%～100%）。

3. 数据分析方法

本章研究的数据分析采用SPSS 19.0和Mplus 7.11。具体而言，信度和效度检验分别通过SPSS 19.0和Mplus 7.11完成，而假设检验则是通过Mplus 7.11的路径分析完成。

5.2.2 结果分析

1. 信度、效度检验

假设模型中的自变量（承包商项目立场），5个承包商常见风险以及5个控制变量都是单条目测量的，因此，这些变量的信度和效度不作分析。为了检验多条目测量的变量的信度，这里采用Cronbach's a 系数。结果显示，本章研究模型涉及的多条目测量变量的信度都大于0.70这个基准，即信度符合要求，具体而言：承包商感知到的自身重要性（a=0.85），业主风险分担公平性感知（a=0.93），以及环境风险公平性感知（a=0.90）。

用Mplus 7.11进行了一系列的验证性因子分析以检验假设模型的结构效度，即假设模型中各个变量是否可以处理成相互不同的变量，包括承包商感知到的自身重要性、业主风险分担公平性感知以及环境风险公平性感知这3个变量。验证性因子分析结果显示，假设模型的结构效度很好（χ^2=40.219，p<0.05，df=27，CFI=0.98，TLI=0.97，$SRMR$=0.092，$RMSEA$=0.064），即3个变量的确代表了3个不同的变量。此外，假设模型的结构效度比其他竞争性模型的结构效度都好：双因子模型（将业主风险和环境风险分担的公平性2个变量合为1个）的拟合参数为（χ^2=182.769，p<0.001，df=34，CFI=0.769，TLI=0.694，$SRMR$=0.129，$RMSEA$=0.193），单因子模型（将3个多条目测量变量合为1个）的拟合参数为（χ^2=688.641，p<0.001，df=45，CFI=0.576，TLI=0.455，$SRMR$=0.164，$RMSEA$=0.257）。单因子模型的拟合度很差，这也说明了本书的变量虽然都是来源于承包商项目经理这一群体，但是共同方法偏差不构成影响。

2. 描述性分析

研究变量和控制变量的描述性分析结果见表5-2，包括各个变量的平均值（M）、标准差（SD）和变量间的相关系数。从表5-2中可看出，两个自变量（承包商感知到的自身重要性以及承包商项目立场）与各个承包商风险严重性基本负相关，除了承包商项目立场与成本超支这个风险的相关性之外（$r=-0.14$，未达到0.05显著性水平）。对于选择的控制变量，项目投资与质量缺陷（$r=0.19$，$p<0.05$）和违反合同规定（$r=0.19$，$p<0.05$）显著正相关，而项目复杂性与交付延迟（$r=0.20$，$p<0.05$）和成本超支（$r=0.20$，$p<0.05$）显著正相关。因此，将项目投资和项目复杂性这两个变量包括在相关假设检验的模型分析中，而其他控制变量则不纳入假设检验的分析中。

3. 假设检验

为了检验假设H1和假设H2，在Mplus 7.11里建立回归模型，5个承包商风险的严重性分别为因变量，假设1回归模型的自变量为承包商感知到的自身重要性，假设2回归模型的自变量为承包商项目立场。在对承包商风险的严重性进行回归时，与其相关的控制变量也纳入回归模型中。假设H1和假设H2的回归模型分析结果见表5-3。如表5-3所示，承包商的两个属性（重要性和项目立场）基本与承包商风险的严重性显著负相关，除了承包商项目立场与成本超支这个风险的严重性没有达到0.05的显著性水平。因此，假设H1和假设H2基本得到支持。

为了检验假设H3和假设H4，建立了五个回归模型，其中每个模型中，以一个承包商风险严重性为因变量，并且两个调节变量（业主风险分担公平性感知和环境风险分担公平性感知）同时纳入模型中。如表5-4所示，承包商感知到的自身重要性与5个承包商风险严重性的关系都不受两个调节变量的影响，故假设H3和假设H4被拒绝。假设H5和假设H6的检验方法与假设H3和假设H4的一样，如表5-5所示，承包商项目立场与5个承包商风险严重性的关系同样不受两个调节变量的影响，故假设H5和假设H6也没有得到现有数据的支持。

第 5 章　利益相关者风险评估方法：利益相关者属性对其风险严重性的影响

变量的描述性统计分析结果

表5-2

变量	M	SD	1	2	3	4	5	6	7	8	9	10	11	12	13
控制变量															
1. 项目类型	1.97	0.51	—												
2. 项目投资	3.25	1.20	0.11	—												
3. 项目建设工期	2.40	0.72	0.11	0.55**	—											
4. 项目复杂性	3.64	0.86	0.23*	0.22**	0.31**	—										
5. 项目进度	3.27	1.56	−0.04	−0.29**	−0.11	0.14	—									
自变量																
6. 承包商感知到的自身重要性	3.29	1.03	0.00	−0.09	−0.01	−0.04	0.00	—								
7. 承包商感知项目立场	4.58	0.66	0.03	−0.14	−0.14	0.00	0.15	0.40**	—							
调节变量																
8. 业主风险分担公平性感知	3.35	1.04	−0.12	−0.06	0.02	−0.11	0.04	0.37**	0.22*	—						
9. 环境风险分担公平性感知	3.40	1.01	−0.12	−0.03	0.04	−0.01	0.11	0.32**	0.23*	0.68**	—					
因变量																
10. 受伤和事故	7.51	5.65	−0.10	0.15	0.11	0.08	−0.07	−0.30**	−0.21**	−0.11	−0.14	—				
11. 质量缺陷	6.32	4.56	0.00	0.19*	0.02	0.07	−0.07	−0.28**	−0.20**	−0.16	−0.18	0.80**	—			
12. 交付延迟	8.80	6.54	0.14	0.18	0.12	0.20*	−0.13	−0.30**	−0.21**	−0.14	−0.13	0.56**	0.64**	—		
13. 成本超支	11.41	7.44	0.13	0.04	0.17	0.20*	−0.09	−0.30**	−0.14	−0.23	−0.31**	0.49**	0.51**	0.69**	—	
14. 违反合同规定	6.15	4.43	−0.01	0.19*	0.09	−0.04	−0.13	−0.26**	−0.27**	−0.19**	−0.20**	0.63**	0.73**	0.64**	0.48**	—

注：$N=118$。$*p \leqslant 0.05$，$**p \leqslant 0.01$，双边检验。项目类型编码为：1=住宅/商业建筑，2=基础设施，3=其他。项目投资编码为：$1 \leqslant 5$千万，$2=5$千万~2亿，$3=2$亿~5亿，$4=5$亿~10亿，$5>10$亿。项目建设工期按年的区间编码为：$1 \leqslant 1$，$2=1~3$，$3=3~5$，$4=5~10$，$5 \geqslant 11$。

假设H1和假设H2的回归模型分析结果　　表5-3

	承包商风险严重性									
	受伤和事故(a)		质量缺陷(b)		交付延误(c)		成本超支(d)		违反合同规定(e)	
	B	SD	B	SD	B	SD	B	SD	B	SD
假设H1										
自变量										
承包商感知到的自身重要性	-0.30^{***}	0.084	-0.28^{**}	0.085	-0.29^{**}	0.082	-0.30^{***}	0.082	-0.26^{**}	0.086
控制变量										
项目投资			0.05	0.05	0.20	0.07	0.19	0.07	0.08	0.07
项目复杂性										
假设H2										
自变量										
承包商项目立场	-0.21^{*}	0.088	-0.20^{*}	0.088	-0.21^{*}	0.088	-0.14	0.090	-0.27^{*}	0.085
控制变量										
项目投资			0.05	0.05	0.20	0.07	0.20	0.08	0.07	0.07
项目复杂性										

注：$N=118$。标准估计的参数均为标准化系数。$^{*}p<0.05$，$^{**}p<0.01$，$^{***}p<0.001$，双边检验。

假设H3和假设H4的回归模型分析结果

表5-4

自变量	模型1 受伤和事故(a)		模型2 质量缺陷(b)		承包商风险严重性 模型3 交付延迟(c)		模型4 成本超支(d)		模型5 违反合同规定(e)	
	B	SD	B	SD	B	SD	B	SD	B	SD
自变量										
承包商感知到的自身重要性(CS)	0.34	0.31	0.25	0.31	0.15	0.31	0.18	0.30	0.07	0.31
调节变量										
业主风险分担公平性感知(FCR)(假设H3)	0.22	0.48	0.11	0.48	−0.26	0.48	0.57	0.46	0.58	0.48
环境风险分担公平性感知(FER)(假设H4)	0.40	0.46	0.29	0.46	0.62	0.46	−0.37	0.45	−0.42	0.47
交互效应										
CS×FCR	−0.29	0.79	−0.20	0.80	0.41	0.80	−0.93	0.77	−1.06	0.80
CS×FER	−0.77	0.76	−0.64	0.77	−1.10	0.76	0.23	0.75	0.56	0.77

注:$N=118$。标准估计的参数均为标准化系数。$*p<0.05$,$**p<0.01$,$***p<0.001$,双边检验。为了展示得简洁,控制变量的估计系数没有在表中给出。

表5-5 假设H5和假设H6的回归模型分析结果

	承包商风险严重性									
	模型1 受伤和事故(a)		模型2 质量缺陷(b)		模型3 交付延迟(c)		模型4 成本超支(d)		模型5 违反合同规定(e)	
	B	SD	B	SD	B	SD	B	SD	B	SD
自变量										
承包商项目立场(CP)	0.21	0.32	−0.09	0.32	−0.25	0.32	−0.03	0.32	−0.33	0.32
调节变量										
业主风险分担公平性感知(FCR)（假设H5）	−0.65	1.00	−0.96	1.00	−0.08	1.02	−0.38	0.99	−0.26	0.10
环境风险分担公平性感知(FER)（假设H6）	1.57	0.99	0.99	1.00	−0.20	1.01	0.18	0.98	−0.15	0.99
交互效应										
$CP \times FCR$	0.76	1.16	1.06	1.67	−0.01	1.18	0.41	1.15	0.22	1.15
$CP \times FER$	−1.94	1.15	−1.29	1.67	0.19	1.18	−0.53	1.15	0.06	1.16

注：$N=118$。标准估计的参数均为标准化系数。$*p<0.05$，$**p<0.01$，$***p<0.001$，双边检验。为了展示得简洁，控制变量的估计系数没有在表中给出。

5.2.3　主要发现与启示

本节以工程项目为分析单位，通过118个样本问卷数据分析发现，承包商感知到的自身重要性、承包商项目立场都显著影响承包商自身风险的严重性，即承包商感知到的来自业主给予的重要性越大、承包商对项目的态度越积极，承包商风险的严重性越小。这个影响是指对单个风险严重性的影响，具体包括五个承包商典型风险：受伤和事故、质量缺陷、交付延迟、成本超支以及违反合同规定。可以认为本章的实证结果支持了整体假设，即利益相关者属性会影响利益相关者风险严重性，因此，利益相关者风险评估不仅需要考虑传统风险评估模型的风险发生概率和后果影响大小，也应该考虑利益相关者自身属性的影响。除了对利益相关者风险评估的意义之外，本章研究还存在以下意义。

首先，本节研究从减轻风险方面证实并拓展了利益相关者属性分析对工程项目目标实现的重要性。已有研究多是分析利益相关者及其属性对项目的影响，包括定性分析和定量分析。也有研究提出利益相关者及其属性与风险相关，但是缺乏严密的理论推演和实证分析。本章研究聚焦利益相关者属性对利益相关者风险严重性的影响，基于利益相关者等理论推演，阐释了利益相关者属性（承包商感知到的自身重要性、承包商项目立场）如何以及为何影响其风险的严重性。实证结果表明，这两个利益相关者属性都对承包商风险的严重性有显著影响。因此，为了保证项目目标的实现、减轻项目威胁风险，应该进行利益相关者属性分析。

其次，本节研究结果为管理领域利益相关者管理具有工具性这个观点增加了实证证据。利益相关者的工具性是指那些进行良好利益相关者管理的组织，其绩效要好于那些没有对利益相关者进行有效管理的组织，比如利益相关者管理和经济绩效以及社会绩效的正相关性。但是，这个方向的研究成果还是比较混杂，也缺乏实证结果的支持。工程项目文献也指出利益相关者管理对项目成功和绩效非常重要，但是，同样缺乏实证支持。本节研究针对工程项目中的承包商，并发现如果组织（业主）充分重视利益相关者的诉求、赢得他们对项目的支持，那么利益相关者的风险严重性程度就会降低，也就有益于实现项目施工阶段管理目标（比如"工期—成本—质量"目标）。因此，本节研究对管理研究和工程项目研究的贡献在于：从利益相关者重要性和利益相关者项目立场这两个利益相关者管理方面，通过问卷数据验证了利益相关者管理有益于工程项目施工阶段管理目标的实现，为利益相关者管理的工具性观点提供了新的实证数据。对于工程项目实践来说，为了减轻利益相关者风险、实现项目建设目标，管理者需要充分重视利益相关者的诉求，留意并赢得他们对项目的支持。

最后，本节研究从理论层面阐释了利益相关者间的互惠行为及其在"利益相关者属性-风险严重性"关系中的作用。利益相关者理论的出发点是组织对其利益相关者有负责的义务，但是很少论及利益相关者对组织的义务。而且，现有关于利益相关者对组织的回馈义务的研究和讨论多是从规范、道德角度出发，即基于公平性原则，利益相关者也应该对组织承担义务［比如文献Frooman（1999），Goodstein和Wicks（2007）和Phillips（2003）］。本节研究从互惠原则这个角度阐释了为什么受到业主重视的承包商其风险严重性会减小，以及为什么风险分担的公平性会调节承包商重要性与其风险严重性的关系。但是，实证数据却没有支持风险分担公平性的调节作用。未来研究可进一步探究其他交换关系相关的变量对"利益相关者属性-风险严重性"这个关系的影响机制，比如承包商感知到的重要性越强，其对业主的信任就有可能越大，进一步引发承包商的合作行为并降低其风险严重性，即"承包商对业主的信任"在利益相关者属性对其风险严重性的影响关系中可能起到中介作用。通过这些研究，我们将加深并拓展对利益相关者与组织之间互惠行为的理解，也可从互惠原则这个角度拓展我们对"利益相关者属性-风险严重性"这个关系的理解。

总之，本节研究依据演绎推理的研究范式，首先采用利益相关者理论、社会交换理论、经济视角等解释了利益相关者属性（承包商感知到的自身重要性、承包商项目立场）对其风险严重性的影响关系，然后采用问卷数据对假设的关系进行了实证检验。结果表明：承包商感知到的自身重要性负向影响其风险严重性，承包商项目积极立场负向影响其风险严重性，这意味着利益相关者风险的严重性评估应当考虑利益者属性，为本章后续利益相关者风险评估模型的构建提供了实证支持。研究结果也启示工程项目的风险评估和管理不仅依赖风险管理过程和方法的提升，也可以从管理利益相关者的角度出发，比如重视并满足利益相关者诉求、注意并赢得利益相关者对项目的积极支持态度可以有效降低利益相关者的风险严重性。

5.3 利益相关者风险评估方法

5.3.1 风险属性

风险严重性的均值：风险自身属性指数（RA）由风险的发生概率和后果影响大小的乘积得到，如公式（5-1）所示，这里概率和影响的估计是基于专家经验或历史统计数据的平均值估计。"概率-后果"模型是工程项目风险评估的典型模型，被学者们广泛采用。

$$RA = P \times I \quad (5-1)$$

式中 RA——某个风险的风险属性指数；

P——这个风险的发生概率；

I——这个风险发生后的后果影响大小，影响以金钱损失衡量。

本书中，概率和影响都采用5级李克特量表测量，比如对于概率而言，"1"表示发生概率非常低，"5"表示发生概率非常高。

5.3.2 利益相关者属性

如本章伊始所述，利益相关者的属性会加大或降低其相关风险的严重性。一般情境的利益相关者研究提出了各种不同的利益相关者属性，比如权力性（Power）、合法性（Legitimacy）、紧急性（Urgency）、利益（State）、影响（Influence/Impact）、对项目的关注和兴趣（Interest）、与项目的距离（Proximity）等。工程项目研究也提出了工程项目利益相关者不同的属性，比如Olander（2007）从理论层面构建了利益相关者评价模型，维度一是Mitchell等（1997）提出的"权力性-合法性-紧急性"模型，维度二是利益相关者态度属性，维度三是利益相关者影响以及影响的概率属性。Yang和Shen（2015）对我国香港和澳门地区工程行业从业人员的实证调研发现，权力性、合法性以及与项目的距离是最受关注的三个维度。不同的情境下，属性的重要性会有所差异，本章研究只是从理论层面采用数学模型这种简化的方法来表示利益相关者属性对项目的影响，维度一是利益相关者重要性，即"权力性-合法性-紧急性"模型；维度二是利益相关者项目立场。

Mitchell等（1997）提出的"权力性-合法性-紧急性"利益相关者三属性构成了利益相关者风险属性的第一个维度，即利益相关者重要性。利益相关者的权力性指的是"拥有或能够使用强制的、功利的或规范的方法对与其有关的关系施加自身意愿的程度"。Mitichel等（1997）对于合法性的定义则是引用文献Suchman（1995）："在特定社会结构的价值观、道德观和信念下，对个体行为是否是合适的、正确的、恰当的一般性感知和假定"。他们对紧急性的定义为"利益相关者诉求需要立即被处理的程度"。利益相关者属性的量化如公式（5-2）所示。

$$IL=\frac{PO+L+U}{3} \qquad (5-2)$$

式中　IL——利益相关者重要性；

　　　PO——利益相关者权力性；

　　　L——利益相关者合法性；

　　　U——利益相关者紧急性。

"权力性-合法性-紧急性"这三个属性的定义与上述文献Mitchell等（1997）所采用的定义一致。从公式（5-2）可知，利益相关者风险评估模型假定三个属性的权重相同。在对这三个属性进行评估时，首先判断每个属性是否具有，如果不具有某个属性，则取值"0"；如果具有某个属性，再进一步评估这个利益相关者属性的程度。程度同样是采用5级李克特量表测量，比如对权力性而言，"1"表示权力非常小，"5"表示权力非常大。因此，三个属性值的取值范围为[0, 5]的整数区间，而 IL 的取值范围为[0, 5]的实数区间。

利益相关者对项目的立场（SP）也是利益相关者的一个重要属性。比如，Olander和Landin（2005）指出利益相关者对项目的消极负面态度会对项目目标造成严重影响。McElroy和Mills（2000）提出了五种利益相关者对项目的立场：积极反对，消极反对，中立，消极支持，积极支持。在利益相关者风险评估模型中，利益相关者态度构成了利益相关者属性的第二个维度，它的测量采用7级李克特量表（-3，-2，-1，0，1，2，3），其中"-3"表示利益相关者对项目非常不支持、态度非常负面，"0"表示利益相关者对项目持中立态度，"3"表示利益相关者对项目非常支持、态度非常正面。

综上所述，利益相关者属性指数（SA）表示的是利益相关者风险严重性的变异值，它由两个方面构成：利益相关者重要性（IL）和利益相关者项目立场（SP），测量方法如公式（5-3）所示。

$$SA = IL \times SP \qquad (5\text{-}3)$$

5.3.3 利益相关者风险的严重性评估

综上所述，工程项目某个风险的严重性实际值（RC）由风险自身属性指数（RA）与造成这个风险的利益相关者属性指数（SA）测量，其中，风险自身属性考虑了风险评估的主流"概率-影响"模型，而利益相关者属性指数则考虑了利益相关者重要性和利益相关者项目立场这两个维度。风险严重性（RC）的测量如公式（5-4）所示。

$$RC = \begin{cases} \sqrt{RA} & SA=0 \\ \sqrt{\dfrac{RA}{SA}} & SA>0 \\ \sqrt{RA \times |SA|} & SA<0 \end{cases} \qquad (5\text{-}4)$$

基于专家经验或历史统计数据的风险概率或后果影响越大，表明这个风险的实际严重性也就越大。因此，公式（5-4）三种情形下，风险自身属性指数（RA）都为分子。下面根据利益相关者属性指数（SA）的三种取值情形，逐一解释公式（5-4）的含义。

当$SA=0$时，根据公式（5-3）及其变量的测量可知，此时要么是利益相关者重要性（IL）取值为0，要么是利益相关者项目立场（SP）取值为0，或者是两者取值均为0。这说明，虽然利益相关者可能造成一些风险事件或状态，但是这个利益相关者不能或不会人为地增大或降低这些风险的实际发生概率或后果影响大小，即利益相关者属性不会影响风险严重性的大小。因此，当$SA=0$时，实际风险严重性由风险自身属性指数（RA）决定。

当$SA>0$时，根据公式（5-3）及其变量的测量可知，此时利益相关者重要性（IL）取值为正，并且利益相关者项目立场（SP）取值为正。此种情况说明利益相关者对项目来说是重要的而且它对项目的立场是积极的、支持的，因此，其行为虽然可能造成一些风险事件或状态，但是，这个利益相关者能够或者会人为地减轻这些风险的实际发生概率或后果影响，即利益相关者属性会降低风险严重性的大小。因此，当$SA>0$时，实际风险严重性不仅会随着风险自身属性指数（RA）的增大而增大，同时也会随着利益相关者属性指数（SA）的增大而减小（SA为分母）。

当$SA<0$时，根据公式（5-3）及其变量的测量可知，此时利益相关者重要性（IL）取值为正，并且利益相关者项目立场（SP）取值为负。此种情况说明利益相关者对项目虽然是重要的，但是它对项目的态度是却是消极的、不支持的，因此，这个利益相关者能够或者会人为地增大这些风险的实际发生概率或后果影响，即利益相关者属性会增大风险严重性的大小。因此，当$SA<0$时，实际风险严重性不仅会随着风险自身属性指数（RA）的增大而增大，同时也会随着利益相关者属性指数（SA）绝对值的增大而增大（SA的绝对值为分子）。

需要注意的是，公式（5-4）只是用数学模型概念化利益相关者属性对风险严重性的影响，只是一种合理的量化利益相关者风险的方法，实际的测量形式可以根据具体情境和要求调整。

5.3.4 案例应用

本节将利益相关者风险评估模型应用到具体的工程项目风险评估中。这个项目是位于天津的一个地铁项目，计划投资123亿元，总长28.135km。尽管这个项目已经获得了政府批准、正在建设中，但是由于这个项目牵涉的利益相关者过多而面临许多利益相关者冲突和风险。比如在项目勘察设计阶段，繁杂的行政审批手续使得项目进度延迟一个多月。在项目征地阶段，地铁沿线涉及的居民住宅和商业建筑过多，赔偿纠纷大量增加，项目进度和费用也随之增加。总而言之，该地铁项目的利益相关者众多、关系复杂，相关潜在风险也就增大，因此，利益相关者风险的严重性评估和管理对项目施工阶段项目管理目标的实现十分重要。鉴于此，本书将风险评估模型应用到这个项目中以检验模型的可行性。

召集成立风险评估的专家小组，包括长期从事工程项目风险管理的业主项目经理1人、承包商项目经理1人和承包商管理者4人。在正式风险评估前几天，研究者给专家小组成员发了一份该地铁项目的利益相关者初始清单，包括项目的关键风险及其主要利益相关者来源。正式的风险评估在项目现场的会议室进行，持续时间为45min，整个评估过程由研究者主持。专家小组的主要任务依次为：①从初始清单中确定关键风险及其利益相关者来源；②评估利益相关者属性："权力性-合法性-紧急性"以及对项目的立场，评估方法见公式（5-2）、公式（5-3）；③基于他们的经验评估各个利益相关者风险的概率和后果影响大小，估计方法见公式（5-1）。风险的属性值和对应利益相关者的属性值均取6个专家的平均值。由于每个专家独立进行评分，因此，在对6个专家的分数进行加和平均之前，需要先检验专家评分之间的内部一致性（这里采用评估者一致性指数R_{wg}来衡量）。内部一致性检验结果表明95%的R_{wg}值大于0.70，因此，专家评估数据通过一致性检验。该项目利益相关者风险评估的部分结果见表5-6。

表5-6 利益相关者风险评估模型应用案例的风险评估结果（部分）

风险事件		风险属性（RA）		主要风险源	利益相关者属性（SA）				风险严重性			风险排序	
		概率（P）	影响（I）		权力性（PO）	合法性（L）	紧急性（U）	立场（SP）	RA	SA	RC	RA	RC
项目预算不准确	平均值	2	4	咨询单位（造价单位）	4	3	—	1	8.00	2.33	1.85	5	9
	中位数	3	4		5	3	—	1					
	R_{wg}	0.73	0.71		0.73	0.76	—	0.80					
土地征用延误	平均值	3	2	产权单位/个人	3	—	4	-2	6.00	-4.67	5.29	8	3
	中位数	3	3		3	—	3	-2					
	R_{wg}	0.65	0.73		0.71	—	0.73	0.71					
行政程序繁杂	平均值	4	3	各级政府部门	5	5	—	2	12.00	6.67	2.23	2	6
	中位数	5	3		5	5	—	2					
	R_{wg}	0.73	0.80		0.88	0.90	—	0.71					
融资困难	平均值	3	5	金融机构	3	4	1	1	15.00	2.67	1.26	1	4
	中位数	4	5		4	3	1	1					

第 5 章　利益相关者风险评估方法：利益相关者属性对其风险严重性的影响

续表

风险事件	风险属性(RA)		主要风险源	利益相关者属性(SA)				风险严重性			风险排序	
	概率(P)	影响(I)		权力性(PO)	合法性(L)	紧急性(U)	立场(SP)	RA	SA	RC	RA	RC
R_{wg}	0.73	0.88		0.73	0.73	0.88	0.80					
项目工期紧张			业主									
平均值	1	3		4	4	—	3	3.00	8.00	0.61	10	11
中位数	1	2		4	5	—	3					
R_{wg}	0.88	0.73		0.80	0.73	—	1					
工程变更			业主									
平均值	3	4		4	4	—	3	12.00	8.00	1.22	2	7
中位数	4	3		4	4	—	3					
R_{wg}	0.73	0.73		0.80	0.86	—	1					
安全事故			承包商									
平均值	2	4		5	3	2	2	8.00	6.67	1.10	5	8
中位数	2	4		5	3	2	2					
R_{wg}	0.80	0.76		0.90	0.71	0.76	0.90					
管理能力不足			承包商									
平均值	1	3		5	3	2	2	3.00	6.67	0.67	10	10
中位数	1	4		5	3	3	2					

续表

风险事件	风险属性（RA）		主要风险源	利益相关者属性（SA）				风险严重性			风险排序	
	概率（P）	影响（I）		权力性（PO）	合法性（L）	紧急性（U）	立场（SP）	RA	SA	RC	RA	RC
政府干预			各级政府部门									
平均值	2	4		4	4	1	1	8.00	3.00	1.63	5	5
中位数	2	4		3	4	1						
R_{wg}	0.80	0.76		0.73	0.76	0.90	0.73					
设计缺陷			勘察设计单位									
平均值	3	4		2	1	—	1	12.00	1.00	3.46	2	2
中位数	2	4		2	1	—	1					
R_{wg}	0.61	0.80		0.71	0.88		0.90					
产权纠纷			产权单位/个人									
平均值	3	2		2	1	3	−2	6.00	−4.00	4.90	8	1
中位数	2	2		2	1	3	−2					
R_{wg}	0.73	0.76		0.80	0.88	0.76	0.71					

注：风险属性下的概率和影响、利益相关者属性下的权力性、合法性、紧急性和立场原始值由各个专家独立评估，最后取专家小组平均值的整数值。

5.4　本章小结

虽然"概率-影响"模型是评估工程项目风险的主流模型，但是学者们从不同角度提出了其他的维度，比如风险可控性、项目脆弱性等。这些研究多是理论分析，很少明确如何量化这些维度的方法，以及如何将这些维度整合到传统"概率-影响"模型中。在对工程项目风险评估研究综述的基础上，Taroun（2014）建议风险评估模型的发展应该考虑不同种类风险的特殊性以及项目环境等因素，而且更为可行的是分析这些因素对单个风险的影响而不是整个项目。本章研究构建的利益相关者风险评估模型首次量化并整合了利益相关者这个环境因素对单个利益相关者风险这类风险的严重性影响，因此，促进了工程项目风险评估模型的发展。

虽然已有研究分析了利益相关者属性在工程项目中的影响，但是这些研究要么停留在定性分析层面，比如文献Aven等（2007）和Cardenas和Halman（2016），要么量化分析的是对项目层次变量（如项目目标）造成的影响，比如文献Aragonés-Beltrán等（2017）、Li等（2016b）和Olander（2007），并没有将利益相关者属性分析应用到风险评估中。本章提出的利益相关者风险评估模型首次将利益相关者属性量化并整合到风险属性分析中，因此对工程项目中利益相关者属性分析的研究作出了贡献。

最后，由于本章提出的利益相关者风险评估模型是由利益相关者属性和风险自身属性构成，因此，该模型不仅适合于工程项目，也可应用于其他涉及利益相关者风险的情境。鉴于此，本章构建的利益相关者风险评估模型也贡献于一般情境的风险评估研究，当然这还需要将本书提出的模型应用到更多的、工程项目以外的利益相关者风险评估情境中以检验其一般性。

本章研究对工程项目管理实践的意义有两点：一是为管理者提供了用于评估利益相关者风险的方法，二是体现在风险应对优先级排序对风险管理决策的影响上。与客观风险不同，工程项目中利益相关者风险严重性会受主体属性的影响，但是缺乏针对利益相关者风险的风险评估模型，这有损实践中工程项目风险评估的准确性。本书构建了利益相关者风险评估模型，并且将该模型应用于具体的地铁工程项目中，描述了利益相关者风险评估模型在实际工程项目中的应用过程，方便管理者使用。该模型在使用中不需要复杂的工具，只需要Excel辅助即可，这对于实践管理人员是非常重要的，因为研究发现尽管学者们发展了更为精确的风险评估模型，但是模型的复杂性却阻碍了其在具体实践中的推广使用。本章研究建立的利益相关者风险评估模型简洁，易于理解和操作，便于实践应用。

风险评估是风险管理决策的前置阶段，评估得到的风险排序表示了风险应对的优先级。从表5-6可以看出，采取传统的"概率-影响"模型（RA值）的风险排序，与考虑利益相关者属性（RC值）的风险排序有明显差异。这个排序的变化对风险应对和管理非常有意义。以产权纠纷这个风险为例，专家根据历史经验判断的产权纠纷的严重性平均值在这11个风险中较低（RA=6.00；排名=8），但是，由于这个地铁项目中土地征用涉及的产权单位和个人对业主赔偿非常不满，造成了一系列赔偿纠纷，使得该项目实际产权纠纷严重性（RA=4.90；排名=1）高于历史平均值。这启示管理者应该警觉、关注并及时处理产权纠纷涉及的利益相关者及其诉求，否则他们可能采取某些行动增大该项目的产权纠纷风险。总而言之，利益相关者风险评估模型考虑了项目的具体环境因素（即利益相关者属性）对风险严重性的影响，使得风险评估结果更好地体现各个风险的严重性程度，因此，有利于管理者了解项目潜在风险的利益相关者来源，并作出更恰当的风险应对优先级计划。

总之，工程项目中，单个风险的严重性评估模型主要是考虑风险的概率和后果影响大小这两个属性。本章针对利益相关者风险的特殊性，即利益相关者属性会影响风险严重性，采用数学模型量化了利益相关者属性对风险严重性的影响。该模型中，风险的严重性实际值由风险自身属性指数与造成这个风险的利益相关者属性指数两方面构成：风险自身属性指数是指基于专家经验或历史数据估计的风险概率和后果影响,代表了风险严重性的平均值;而利益相关者属性指数则是指特定项目中利益相关者属性的评价,包括重要性维度和立场维度,代表了风险严重性的变异值。该模型为学术研究以及工程项目实践提供了评估利益相关者风险严重性的新方法。

附录

"关注承包商诉求"对"承包商风险"的影响
调查问卷(承包商)

尊敬的项目经理/主管:

您好!现诚邀您参与国家自然科学基金委资助课题的问卷调查。此次调研的目的在于获取业主对承包商诉求的关注、承包商风险相关数据,您的回答将对分析两者之间的关系作出重要贡献。问卷采用匿名方式,绝对不会透露您的个人信息。并且数据仅用于学术研究,不存在任何商业用途。

祝您身体健康、工作顺利!

该问卷大约需要花费您5~6min的时间。

请您根据正在参加的工程项目施工阶段的情况,回答问卷中项目相关的问题。

一、个人资料 [请您在所选择的选项打钩(√)或者将选项涂成任意颜色]

性　　别:□男　　□女

职　　位:□业主方项目经理/主管　　□承包商项目经理/主管

年　　龄:□0~29岁　　□30~39岁　　□40~49岁
　　　　　□50~59岁　　□59岁以上

工作年限:□0~5年　　□6~10年　　□11~15年
　　　　　□16~20年　　□20年以上

二、项目背景 [请您在所选择的选项打钩（√）或者将选项涂成任意颜色]

项目所在城市+项目名称：_____

项目类型：□住宅工程　　　□商业工程

　　　　　□基础设施（铁路、地铁、水利水电等）

　　　　　□其他（请写明：　　　　　　　）

项目合同额/经费：□5千万元以内　　□5千万~2亿元

　　　　　　　　　□2亿~5亿元　　□5亿~10亿元

　　　　　　　　　□10亿元以上

项目总周期：□1年以内　　□1~3年　　□3~5年

　　　　　　□5~10年　　□10年以上

项目进度：□0~20%总工程量　　□20%~40%总工程量

　　　　　□40%~60%总工程量　　□60%~80%总工程量

　　　　　□80%~100%总工程量

项目复杂程度：□完全不复杂　　　□比较不复杂　　　□中等

　　　　　　　□比较复杂　　　□非常复杂

三、承包商感知到的自身重要性

1=非常不同意；2=比较不同意；3=中立；4=比较同意；5=非常同意

[请在相应的空格处打钩（√）或者输入相应数字]

承包商感知到的自身重要性	1	2	3	4	5
1. 业主会优先考虑我们的诉求					
2. 业主投入大量的时间和精力来处理我们的问题					
3. 业主非常重视我们的诉求					

四、承包商风险严重性

1=完全不严重；2=比较不严重；3=中；4=比较严重；5=非常严重

[请在相应的空格处打钩（√）或者输入相应数字]

承包商风险严重性	1	2	3	4	5
1. 受伤和事故					
2. 质量缺陷					
3. 关键工作（或项目）延误					
4. 成本超支					
5. 违反合同规定					

五、承包商态度与承诺

1=非常不赞同/非常不支持/非常不信任；2=比较不赞同/比较不支持/比较不信任；3=中立；4=比较赞同/比较支持/比较信任；5=非常赞同/非常支持/非常信任

[请在相应的空格处打钩（√）或者输入相应数字]

承包商态度与承诺	1	2	3	4	5
1. 我们愿意付出努力去实现业主的项目目标，比如不超出合同预算、保证质量					
2. 我们非常希望业主的项目目标能够实现					
3. 我们非常认同业主制定的项目目标					
4. 为了实现业主的目标，我们常常付出额外努力					
5. 我们对项目的态度是					
6. 我们对业主的信任程度是					

六、风险分担公平性

1=非常不公平；2=比较不公平；3=中立；4=比较公平；5=非常公平
[请在相应的空格处打钩（√）或者输入相应数字]

风险分担公平性	1	2	3	4	5
1."业主设计缺陷"风险的分担是公平的（均由业主承担）					
2."业主延期支付"风险的分担是公平的（均由业主承担）					
3."业主提供信息延误"风险的分担是公平的（均由业主承担）					
4."施工场地取得延迟"风险的分担是公平的（均由业主承担）					
5."不可抗力"风险的分担是公平的（由业主、承包商合理分担）					
6."物价上涨"风险的分担是公平的（由业主、承包商合理分担）					
7."异常不利的气候条件"风险的分担是公平的（由业主、承包商合理分担）					

七、承包商风险发生频率

1=非常低；2=比较低；3=中；4=比较高；5=非常高
[请在相应的空格处打钩（√）或者输入相应数字]

承包商风险发生频率	1	2	3	4	5
1.安全事故					
2.质量缺陷					
3.关键工作（或项目）延误					
4.成本超支					
5.违反合同规定					

八、承包商风险造成金钱损失

1=非常小；2=比较小；3=中；4=比较大；5=非常大
［请在相应的空格处打钩（√）或者输入相应数字］

承包商风险造成金钱损失	1	2	3	4	5
1. 安全事故					
2. 质量缺陷					
3. 关键工作（或项目）延误					
4. 成本超支					
5. 违反合同规定					

九、性格特征

以下是关于性格特征的一些描述，请根据您的实际情况，选择在多大程度上符合或者不符合相应的描述：1=非常不符合；2=比较不符合；3=有点不符合；4=中立；5=有点符合；6=比较符合；7=非常符合［请在相应的空格处打钩（√）或者输入相应数字］

性格特征	1	2	3	4	5	6	7
1. 外向的，精力充沛的							
2. 爱批评人的，爱争吵的							
3. 可信赖的，自律的							
4. 内向的，安静的							
5. 招人喜爱的，友善的							
6. 条理性差的，粗心的							

再次感谢您对我们调研的支持！

参考文献

[1] PMI (Project Management Institute). A Guide to the Project Management Body of Knowledge (PMBOK® guide) [M]. Newton Square, Pennsylvania, USA: PMI, 2013.

[2] Arashpour M, Abbasi B, Arashpour M, et al. Integrated management of on-site, coordination and off-site uncertainty: Theorizing risk analysis within a hybrid project setting [J]. International Journal of Project Management, 2017, 35(4): 647-655.

[3] Hwang B G, Zhao X, Toh L P. Risk management in small construction projects in Singapore: Status, barriers and impact [J]. International Journal of Project Management, 2014, 32(1): 116-124.

[4] Zou P X, Zhang G, Wang J. Understanding the key risks in construction projects in China [J]. International Journal of Project Management, 2007, 25(6): 601-614.

[5] Wang J, Zou P X, Li P P. Critical factors and paths influencing construction workers' safety risk tolerances [J]. Accident Analysis & Prevention, 2016a, 93: 267-279.

[6] Lyons T, Skitmore M. Project risk management in the Queensland engineering construction industry: A survey [J]. International Journal of Project Management, 2004, 22(1): 51-61.

[7] Aven T. Risk assessment and risk management: review of recent advances on their foundation [J]. European Journal of Operational Research, 2016, 253(1): 1-13.

[8] Achterkamp M C, Vos J F. Investigating the use of the stakeholder notion in project management literature: A meta-analysis [J]. International Journal of Project Management, 2008, 26(7): 749-757.

[9] Freeman R E. Strategic Management: A Stakeholder Approach [M]. Cambridge: Cambridge University Press, 1984.

[10] Oppong G D, Chan A P, Dansoh A. A review of stakeholder management performance attributes in construction projects [J]. International Journal of Project Management, 2017, 35(6): 1037-1051.

[11] Yang R J, Wang Y, Jin X-H. Stakeholders' attributes, behaviors, and decision-making strategies in construction projects: Importance and correlations in practice [J]. Project Management Journal, 2014, 45(3): 74-90.

[12] Wang X, Xia N, Zhang Z, et al. Human safety risks and their interactions in China's subways: Stakeholder perspectives [J]. Journal of Management in Engineering, 2017, 33(5): 05017004.

[13] McElroy B, Mills C. Managing Stakeholders [M]. In: Gower Handbook of Project Management. Burlington, VT: Gower Publishing Limited, 2000: 757-775.

[14] Olander S, Landin A. Evaluation of stakeholder influence in the implementation of construction projects [J]. International Journal of Project Management, 2005, 23(4): 321-328.

[15] Olander S. Stakeholder impact analysis in construction project management [J]. Construction Management and Economics, 2007, 25(3): 277-287.

[16] Mok K Y, Shen G Q, Yang J. Stakeholder management studies in mega construction projects: A review and future directions [J]. International Journal of Project Management, 2015, 33(2): 446-457.

[17] Aaltonen K, Kujala J, Havela L, et al. Stakeholder dynamics during the project front-end: The case of nuclear waste repository projects [J]. Project Management Journal, 2015, 46(6): 15-41.

[18] Karlsen J T. Project stakeholder management [J]. Engineering Management Journal, 2002, 14(4): 19-24.

[19] Latham M. Constructing the Team [M]. London: HMSO, 1994.

[20] 李启明, 申立银. 风险管理中的风险效应——行为决策模型及分析 [J]. 系统工程理论与实践, 2001, 21 (10): 1-8.

[21] Flyvbjerg B, Holm M S, Buhl S. Underestimating costs in public works projects: Error or lie? [J]. Journal of the American Planning Association, 2002, 68(3): 279-295.

[22] Hwang B G, Ng H B. Project network management: Risks and contributors from the viewpoint of contractors and sub-contractors [J]. Technological and Economic Development of Economy, 2016, 22(4): 631-648.

[23] 何旭东. 基于利益相关者的工程项目主体行为风险研究 [J]. 科技管理研究, 2011, 31 (19): 207-210.

[24] Taroun A. Towards a better modelling and assessment of construction risk: Insights from a literature review [J]. International Journal of Project Management, 2014, 32(1): 101-115.

[25] 何旭东. 基于复杂性分析的大型工程项目主体行为风险管理研究 [J]. 技术经济与管理研究, 2018 (2): 37-41.

[26] Loosemore M. Managing stakeholder perceptions of risk and opportunity in social

[26] infrastructure projects using a multimedia approach [J]. International Journal of Project Organisation and Management, 2011, 3(3-4): 307-315.

[27] Bernstein P L. Against the Gods: The Remarkable Story of Risk [M]. New York: John Wiley & Sons, 1996.

[28] Edwards P, Bowen P. Risk and risk management in construction: A review and future directions for research [J]. Engineering Construction and Architectural Management, 1998, 5: 339-349.

[29] Chapman C B, Ward S. Project Risk Management: Processes, Techniques and Insights [M]. New York: John Wiley & Sons, 2003.

[30] Lehtiranta L. Risk perceptions and approaches in multi-organizations: A research review 2000—2012 [J]. International Journal of Project Management, 2014, 32(4): 640-653.

[31] Renn O. Risk Governance: Coping with Uncertainty in a Complex World [M]. London: Earthscan, 2008.

[32] ISO (International Organization for Standardization). Risk Management-Principles and Guidelines, ISO 31000: 2009 [M]. Switzerland: ISO, 2009.

[33] Clarkson M. A risk based model of stakeholder theory [C]. In: Proceedings of the Second Toronto Conference on Stakeholder Theory, 1994: 18-19.

[34] Mitchell R K, Agle B R, Wood D J. Toward a theory of stakeholder identification and salience: defining the principle of who and what really counts [J]. Academy of Management Review, 1997, 22, (4): 853-886.

[35] Friedman A, Miles S. Stakeholders: Theory and Practice [M]. Oxford: Oxford University Press, 2006.

[36] Littau P, Jujagiri N J, Adlbrecht G. 25 years of stakeholder theory in project management literature (1984-2009) [J]. Project Management Journal, 2010, 41(4): 17-29.

[37] Parmar B L, Freeman R E, Harrison J S, et al. Stakeholder theory: the state of the art [J]. Academy of Management Annals, 2010, 4(1): 403-445.

[38] 李怀祖. 管理研究方法论 [M]. 西安: 西安交通大学出版社, 2004.

[39] Elias A A, Cavana R Y, Jackson L S. Stakeholder analysis for R&D project management [J]. R&D Management, 2002, 32(4): 301-310.

[40] Taylor B. The future development of corporate strategy [J]. Journal of Business Policy, 1971, 2(2): 22-38.

[41] King W R, Cleland D I. Strategic Planning and Policy [M]. New York: Van Nostrand Reinhold, 1978.

[42] Westchurchman B. The Systems Approach [M]. New York: Delta, 1968.

[43] Ackoff R L. Redesigning the Future [M]. New York: John Wiley and Sons, 1974.

[44] Post J. Research in business and society: Current issues and approaches [C]. In: AACSB Conference on Business Environment/Public Policy and the Business School of the 1980s. Berkeley CA, 1981.

[45] Rhenman E. Industrial Democracy and Industrial Management [M]. London: Tavistock Publications, 1968.

[46] Pfeffer J, Salancik G R. The External Control of Organizations: A Resource Dependence Perspective [M]. Harper & Row: Stanford University Press, 2003.

[47] Jones T M. Instrumental stakeholder theory: A synthesis of ethics and economics [J]. Academy of Management Review, 1995, 20(2): 404-437.

[48] Donaldson T, Preston, L E. The stakeholder theory of the corporation concepts, evidence, and implications [J]. Academy of Management Review, 1995, 20(1): 65-91.

[49] Freeman R E, Harrison J S, Wicks, A C, et al. Stakeholder Theory: The State of the Art [M]. New York: Cambridge University Press, 2010.

[50] Sturdivant F D. Executives & activists: Test of stakeholder management [J]. California Management Review, 1979, 22(1): 53-60.

[51] Nwankwo S, Richardson B. Organizational leaders as political strategists: A stakeholder management perspective [J]. Management Decision, 1996, 34(10): 43-50.

[52] Schneider M. A stakeholder model of organizational leadership [J]. Organization Science, 2002, 13(2): 209-220.

[53] De Luque M S, Washburn M F, Waldman D A, et al. Unrequited profits: How stakeholder and economic values relate to subordinates' perceptions of leadership and firm performance [J]. Administrative Science Quarterly, 2008, 53: 626-654.

[54] Freeman R E, McVea J. A Stakeholder Approach to Strategic Management [M]. In: The Blackwell Handbook of Strategic Management, London: Wiley-Blackwell, 2001: 183-201.

[55] Harrison J S, John C H S. Strategic Management of Organizations and Stakeholders: Theory and Cases [M]. Boston, USA: South-Western College Pub, 1994.

[56] Denyer D, Tranfield D. Producing a Aystematic Review [M]. In: Buchanan D A, Bryman A (Eds.), the Sage Handbook of Organizational Research Methods, Thousand

Oaks, CA: Sage Publications, 2009: 671-689.

[57] Tranfield D, Denyer D, Smart P. Towards a methodology for developing evidence-informed management knowledge by means of systematic review [J]. British Journal of Management, 2003, 14(3): 207-222.

[58] 崔阳, 陈勇强, 徐冰冰. 工程项目风险管理研究现状与前景展望 [J]. 工程管理学报, 2015, 29 (2): 76-80.

[59] Chau K W. The ranking of construction management journals [J]. Construction Management and Economics, 1997, 15(4):387-398.

[60] Wallace M, Wray A. Critical Reading and Writing for Postgraduates [M]. Thousand Oaks, CA: Sage Publications, 2016.

[61] Elo S, Kyngäs H. The qualitative content analysis process [J]. Journal of Advanced Nursing, 2008, 62: 107-115

[62] Krippendorff K. Content Analysis: An Introduction to Its Methodology [M]. Thousand Oaks, CA: Sage Publications, 2004.

[63] Lombard M, Snyder-Duch J, Bracken C C. Content analysis in mass communication: Assessment and reporting of intercoder reliability [J]. Human Communication Research, 2002, 28(4): 587-604.

[64] McCord J, McCord M, Davis P T, et al. Understanding delays in housing construction: evidence from Northern Ireland [J]. Journal of Financial Management of Property and Construction, 2015, 20(3): 286-319.

[65] Xu J W, Moon S. Stochastic revenue and cost model for determining a BOT concession period under multiple project constraints [J]. Journal of Management in Engineering, 2014, 30(3): 04014011.

[66] Ashuri B, Mostaan K. State of private financing in development of highway projects in the United States [J]. Journal of Management in Engineering, 2015, 31(6): 04015002.

[67] Tymvios N, Gambatese J A. Perceptions about design for construction worker safety: Viewpoints from contractors, designers, and university facility owners [J]. Journal of Construction Engineering and Management, 2016, 142(2): 04015078.

[68] Firouzi A, Yang W, Li C. Prediction of total cost of construction project with dependent cost items [J]. Journal of Construction Engineering and Management, 2016, 142(12): 04016072.

[69] Jeerangsuwan T, Said H, Kandil A, et al. Financial evaluation for toll road projects considering traffic volume and serviceability interactions [J]. Journal of Infrastructure

Systems, 2014, 20(3): 04014012.

[70] Shealy T, Klotz L, Weber E U, et al. Using framing effects to inform more sustainable infrastructure design decisions [J]. Journal of Construction Engineering and Management, 2016, 142(9): 04016037.

[71] Olsson R. In search of opportunity management: is the risk management process enough? [J]. International Journal of Project Management, 2007, 25(8): 745-752.

[72] Van Os A, Van Berkel F, De Gilder D, et al. Project risk as identity threat: explaining the development and consequences of risk discourse in an infrastructure project [J]. International Journal of Project Management, 2015, 33(4): 877-888.

[73] El-Gohary N M, Osman H, El-Diraby T E. Stakeholder management for public private partnerships [J]. International Journal of Project Management, 2006, 24(7): 595-604.

[74] Wang T, Tang W, Du L, et al. Relationships among risk management, partnering, and contractor capability in international EPC project delivery [J]. Journal of Management in Engineering, 2016b, 32(6): 04016017.

[75] Shi Q, Liu Y, Zuo J, et al. On the management of social risks of hydraulic infrastructure projects in China: A case study [J]. International Journal of Project Management, 2015, 33(3): 483-496.

[76] Zhao Z Y, Zhao X J, Davidson K, et al. A corporate social responsibility indicator system for construction enterprises [J]. Journal of Cleaner Production, 2012, 29: 277-289.

[77] Aaltonen K. Project stakeholder analysis as an environmental interpretation process [J]. International Journal of Project Management, 2011, 29(2): 165-183.

[78] Zavadskas E K, Turskis Z, Tamošaitiene J. Risk assessment of construction projects [J]. Journal of Civil Engineering and Management, 2010, 16(1): 33-46.

[79] Loosemore M, Lim B T H. Linking corporate social responsibility and organizational performance in the construction industry [J]. Construction Management and Economics, 2017, 35(3): 90-105.

[80] Lehtiranta L. Relational risk management in construction Projects: Modeling the complexity [J]. Leadership and Management in Engineering, 2011, 11(2): 141-154.

[81] Lowe D, Leiringer R. Commercial Management of Projects: Defining the Discipline [M]. USA: Blackwell Publishing, 2006.

[82] Shokri S, Haas C T, Haas R C G, et al. Interface-management process for managing risks in complex capital projects [J]. Journal of Construction Engineering and

Management, 2016, 142(2): 04015069.

[83] Shahata K, Zayed T. Integrated risk-assessment framework for municipal infrastructure [J]. Journal of Construction Engineering and Management, 2016, 142(1): 04015052.

[84] Wang J, Yuan H. Factors affecting contractors' risk attitudes in construction projects: case study from China [J]. International Journal of Project Management, 2011, 29(2): 209-219.

[85] Han S H, Diekmann J E, Ock J H. Contractor's risk attitudes in the selection of international construction projects [J]. Journal of Construction Engineering and Management, 2005, 131(3): 283-292.

[86] Archer M S. Realist Social Theory: The Morphogenetic Approach [M]. Cambridge: Cambridge University Press, 1995.

[87] Aven T, Renn O. On risk defined as an event where the outcome is uncertain [J]. Journal of Risk Research, 2009, 12: 1-11.

[88] Wang C M, Xu B B, Zhang S J, et al. Influence of personality and risk propensity on risk perception of Chinese construction project managers [J]. International Journal of Project Management, 2016c, 34(7): 1294-1304.

[89] 贾炬, 方东平, 樊富珉. 建筑施工中"组织支持感"评估工具的开发 [J]. 建筑安全, 2016, 31 (7): 4-8.

[90] 王家远, 李鹏鹏, 袁红平. 风险决策及其影响因素研究综述 [J]. 工程管理学报, 2014, (2): 27-31.

[91] Xia N, Wang X, Griffin M A, et al. Do we see how they perceive risk? An integrated analysis of risk perception and its effect on workplace safety behavior [J]. Accident Analysis & Prevention, 2017, 106: 234-242.

[92] Bal M, Bryde D, Fearon D, et al. Stakeholder engagement: Achieving sustainability in the construction sector [J]. Sustainability, 2013, 5(2): 695-710.

[93] COSO (Committee of Sponsoring Organizations of the Treadway Commission). Enterprise Risk Management-Integrated Framework [M]. New York: COSO, 2004.

[94] Du L, Tang W, Liu C, et al. Enhancing engineer-procure-construct project performance by partnering in international markets: Perspective from Chinese construction companies [J]. International Journal of Project Management, 2016, 34(1): 30-43.

[95] Love P E D, Davis P R, Chevis R, et al. Risk/reward compensation model for civil engineering infrastructure alliance projects [J]. Journal of Construction Engineering

and Management, 2011, 137(2): 127-136.

[96] Rose T, Manley K. Client recommendations for financial incentives on construction projects [J]. Engineering, Construction and Architectural Management, 2010, 17(3): 252-267.

[97] Bakker D K, Boonstra A, Wortmann H. Risk management affecting IS/IT project success through communicative action [J]. Project Management Journal, 2011, 42(3): 75-90.

[98] Davis K. A method to measure success dimensions relating to individual stakeholder groups [J]. International Journal of Project Management, 2016, 34(3): 480-493.

[99] Cleland D. Project stakeholder management [M]. In: Cleland D, King W, (Eds.), Project Management Handbook, USA: Van Nostrand Reinhold Co, 1988.

[100] Francom T, Asmar M E, Ariaratnam S T. Performance analysis of construction manager at risk on pipeline engineering and construction projects [J]. Journal of Management in Engineering, 2016, 32(6): 04016016.

[101] Meng X. The effect of relationship management on project performance in construction [J]. International Journal of Project Management, 2012, 30(2): 188-198.

[102] Li H, Arditi D, Wang Z. Transaction costs incurred by construction owners [J]. Engineering, Construction and Architectural Management, 2014, 21(4): 444-458.

[103] Tang L, Shen Q, Skitmore M, et al. Ranked critical factors in PPP briefings [J]. Journal of Management in Engineering, 2013, 29(2): 164-171.

[104] Guo F, Chang-Richards Y, Wilkinson S, et al. Effects of project governance structures on the management of risks in major infrastructure projects: A comparative analysis [J]. International Journal of Project Management, 2014, 32(5): 815-826.

[105] Gullino S. Urban regeneration and democratization of information access: CitiStat experience in Baltimore [J]. Journal of Environmental Management, 2009, 90(6): 2012-2019.

[106] Cuppen E, Bosch-Rekveldt M G C, Pikaar E, et al. Stakeholder engagement in large-scale energy infrastructure projects: Revealing perspectives using Q methodology [J]. International Journal of Project Management, 2016, 34(7): 1347-1359.

[107] Yang R J, Zou P X W, Wang J. Modelling stakeholder-associated risk networks in green building projects [J]. International Journal of Project Management, 2016, 34(1): 66-81.

[108] McCaskey M. The Executive Challenge [M]. Marshfield: Pitman Publishing, 1982.

[109] Loosemore M, Raftery J, Reilly C, et al. Risk Management in Projects [M]. New

York: Taylor and Francis, 2006.

[110] Zou P X, Chen Y, Chan T. Understanding and improving your risk management capability: Assessment model for construction organizations [J]. Journal of Construction Engineering and Management, 2010, 136(8): 854-863.

[111] Choudhry R M, Iqbal K. Identification of risk management system in construction industry in Pakistan [J]. Journal of Management in Engineering, 2013, 29(1): 42-49.

[112] Mu S, Cheng H, Chohr M, et al. Assessing risk management capability of contractors in subway projects in mainland China [J]. International Journal of Project Management, 2014, 32(3): 452-460.

[113] Beus J M, Payne S C, Bergman M E, et al. Safety climate and injuries: An examination of theoretical and empirical relationships [J]. Journal of Applied Psychology, 2010, 95: 713-727.

[114] Zohar D. Thirty years of safety climate research: Reflections and future directions [J]. Accident Analysis & Prevention, 2010, 42(5): 1517-1522.

[115] Nguyen T P, Chileshe N. Revisiting the construction project failure factors in Vietnam [J]. Built Environment Project and Asset Management, 2015, 5(4): 398-416.

[116] Tang W, Qiang M, Duffield C F, et al. Risk management in the Chinese Construction Industry [J]. Journal of Construction Engineering and Management, 2007, 133(12): 944-956.

[117] Friedman A L, Miles S. Developing stakeholder theory [J]. Journal of Management Studies, 2002, 39: 1-21.

[118] Loushine T W, Hoonakker P L T, Carayon P, et al. Quality and safety management in construction [J]. Total Quality Management and Business Excellence, 2006, 17(9): 1171-1212.

[119] Love P E D, Teo P, Morrison J, et al. Quality and safety in construction: Creating a no-harm environment [J]. Journal of Construction Engineering and Management, 2016, 142(8): 05016006.

[120] Luu V T, Kim S, Tuan Y N V, et al. Quantifying schedule risk in construction projects using Bayesian belief networks [J]. International Journal of Project Management, 2009, 27(1): 39-50.

[121] Pawan P, Lorterapong P. A fuzzy-based integrated framework for assessing time contingency in construction projects [J]. Journal of Construction Engineering and Management, 2016, 142(3): 04015083.

[122] Ward S, Chapman C. Stakeholders and uncertainty management in projects [J].

Construction Management and Economics, 2008, 26(6): 563-577.

[123] Zhang X. Social risks for international players in the construction market: A China study [J]. Habitat International, 2011, 35(3): 514-519.

[124] Yang R J, Zou P X. Stakeholder-associated risks and their interactions in complex green building projects: A social network model [J]. Building and Environment, 2014, 73: 208-222.

[125] 刘俊艳, 王卓甫. 工程进度风险因素的非叠加性影响 [J]. 系统工程理论与实践, 2011, 31(8): 1517-1523.

[126] Whitley R. Project-based firms: New organizational form or variations on a theme? [J]. Industrial and Corporate Change, 2006, 15: 77-99.

[127] Bakker R M. Taking stock of temporary organizational forms: A systematic review and research agenda [J]. International Journal of Management Reviews, 2010, 12(4): 466-486.

[128] Artto K, Kujala J, Dietrich P, et al. What is project strategy? [J]. International Journal of Project Management, 2008, 26(1): 4-12.

[129] Mintzberg H. Patterns in strategy formation [J]. Management Science, 1978, 24: 934-948.

[130] Young R, Young M, Jordan E, et al. Is strategy being implemented through projects? Contrary evidence from a leader in New Public Management [J]. International Journal of Project Management, 2012, 30(8): 887-900.

[131] Kiechell W. The Lords of Strategy [M]. Boston: Harvard Business Press, 2010.

[132] Lorange P. Corporate Planning: An Executive Viewpoint [M]. Englewood Cliffs: Prentice Hall, 1980.

[133] Walsh J P. Taking stock of stakeholder management [J]. Academy of Management Review, 2005, 30(2): 426-438.

[134] Hill C W, Jones T M. Stakeholder-agency theory [J]. Journal of Management Studies, 1992, 29(2): 131-154.

[135] 林曦. 弗里曼利益相关者理论评述 [J]. 商业研究, 2010 (8): 66-70.

[136] Grabher G. Cool projects, boring institutions: temporary collaboration in social context [J]. Regional Studies, 2002, 36(3): 205-214.

[137] Jones C. Careers in Project Networks: The Case of the Film Industry [M]. In: Arthur M, Rousseau D, (Eds.), the Boundaryless Career, New York: Oxford University Press, 1996: 58-75.

[138] Turner J R, Müller R. On the nature of the project as a temporary organization [J]. International Journal of Project Management, 2003, 21(1): 1-8.

[139] Pryke S D. Analysing construction project coalitions: Exploring the application of social network analysis [J]. Construction Management and Economics, 2004, 22(8): 787-797.

[140] Liao P C, Xia N N, Wu C L, et al. Communicating the corporate social responsibility (CSR) of international contractors: Content analysis of CSR reporting [J]. Journal of Cleaner Production, 2017, 156: 327-336.

[141] Huemann M, Keegan A, Turner J R. Human resource management in the project-oriented company: A review [J]. International Journal of Project Management, 2007, 25(3): 315-323.

[142] Hobday M. The project-based organisation: an ideal form for managing complex products and systems? [J]. Research Policy, 2000, 29: 871-893.

[143] Braun T, Ferreira A I, Sydow J. Citizenship behavior and effectiveness in temporary organizations [J]. International Journal of Project Management, 2013, 31(6): 862-876.

[144] Loosemore M. Responsibility, power and construction conflict [J]. Construction Management and Economics, 1999, 17(6): 699-709.

[145] Banik G C. Risk allocation in design-build contracts [C]. In: Proceedings of Associated school of Constructions (ASC) Conference held in University of Denver, Colorado, USA, 2001: 125-136.

[146] Salem O, Solomon J, Genaidy A, et al. Site implementation and assessment of lean construction techniques [J]. Lean Construction Journal, 2005, 2(2): 46-47.

[147] El-Sayegh S M. Risk assessment and allocation in the UAE construction industry [J]. International Journal of Project Management, 2008, 26(4): 431-438.

[148] Rahman M M, Kumaraswamy M M. Potential for implementing relational contracting and joint risk management [J]. Journal of Management in Engineering, 2004, 20(4): 178-189.

[149] Clarkson M B E. A stakeholder framework for analyzing and evaluating corporate social performance [J]. Academy of Management Review, 1995, 20(1): 92-117.

[150] 廉春慧, 王跃堂. 企业社会责任信息与利益相关者行为意向关系研究 [J]. 审计与经济研究, 2018 (3): 1-9.

[151] Freeman R E. The stakeholder approach revisited [J]. Zeitschrift für Wirtschafts-und Unternehmensethik, 2004, 5(3): 228-254.

[152] Cleland D I. A strategy for ongoing project evaluation [J]. Project Management

Journal, 1985, 16(3): 11-16.

[153] Walker D H T, Bourne L M, Shelley A. Influence, stakeholder mapping and visualization [J]. Construction Management and Economics, 2008, 26(6): 645-658.

[154] Aaltonen K, Kujala J, Havela L. Towards an improved understanding of stakeholder dynamics during the project front-end: The case of nuclear waste repository projects [C]. In: Carrillo P, Chinowsky P, (Eds.), Proceedings of the Engineering Project Organization Conference, Winter Park, Colorado, 2013.

[155] Gomes R C, Liddle J, Gomes L O M. A five-sided model of stakeholder influence [J]. Public Management Review, 2010, 12(5): 701-724.

[156] Abell D F. Defining the Business: The Starting Point of Strategic Planning [M]. Englewood Cliffs: Prentice Hall, 1980.

[157] Aven T, Vinnem G E, Wiencke H S. A decision framework for risk management, with application to the offshore oil and gas industry [J]. Reliability Engineering & System Safety, 2007, 92(4): 433-448.

[158] Atkin B, Skitmore R M. Editorial: stakeholder management in construction [J]. Construction Management and Economics, 2008, 26(6): 549-552.

[159] Miller W L. Broader mission for R&D [J]. Research-Technology Management, 1995, 38(6): 24-36.

[160] Olander S, Landin A. A comparative study of factors affecting the external stakeholder management process [J]. Construction Management and Economics, 2008, 26: 553-561.

[161] Li T H, Ng S T, Skitmore M. Public participation in infrastructure and construction projects in China: From an EIA-based to a whole-cycle process [J]. Habitat International, 2012, 36(1): 47-56.

[162] Zheng X, Le Y, Chan A P C, et al. Review of the application of social network analysis (SNA) in construction project management research [J]. International Journal of Project Management, 2016, 34(7): 1214-1225.

[163] Delhi V S K, Mahalingam A, Palukuri S. Governance issues in BOT based PPP infrastructure projects in India [J]. Built Environment Project and Asset Management, 2012, 2(2): 234-249.

[164] Vik E A, Sverdrup L, Kelley A, et al. Experiences from environmental risk management of chemical grouting agents used during construction of the Romeriksporten Tunnel [J]. Tunnelling and Underground Space Technology, 2000, 15(4): 369-378.

[165] Cyert R, March J. The Behavioral Theory of the Firm [M]. Englewood Cliffs: Prentice Hall, 1963.

[166] Chan H, Levitt R L, Garvin M J. Collective effect of strategic, cultural, and institutional factors on concession renegotiations [C]. In: The 2010 Engineering Project Organization Conference, South Lake Tahoe, CA, 2010.

[167] Hastak M, Shaked A. ICRAM-1: Model for international construction risk assessment [J]. Journal of Management in Engineering, 2000, 1(59): 59-69.

[168] Pekericli M K, Akinci B, Karaesmen I. Modeling information dependencies in construction project network organizations [C]. Proceedings of 4th Joint Symposium on Information Technology in Civil Engineering, Nashville, Tennessee, USA, 2003.

[169] Molm L D, Takahashi N, Peterson G. Risk and trust in social exchange: An experimental test of a classical proposition [J]. American Journal of Sociology, 2000, 105(5): 1396-1427.

[170] Zhang S, Zhang S, Gao Y, et al. Contractual governance: Effects of risk allocation on contractors' cooperative behavior in construction projects [J]. Journal of Construction Engineering and Management, 2016, 142(6): 04016005.

[171] 陈勇强, 张宁, 杨秋波. 工程项目交易方式研究综述 [J]. 工程管理学报, 2010, 24(5): 473-478.

[172] Love P E D, Edwards D J, Irani Z, et al. Participatory action research approach to public sector procurement selection [J]. Journal of Construction Engineering and Management, 2012, 138(3): 311-322.

[173] Ireland T. Which project-execution approach is best for you? [J]. IEEE Industry Applications Magazine, 2001, 7(6): 33-40.

[174] Chan A P C, Chan D W M, Chiang Y H, et al. Exploring critical success factors for partnering in construction projects [J]. Journal of Construction Engineering and Management, 2004, 130(2): 188-198.

[175] Eckblad S, Ashcraft H, Audsley P, et al. Integrated Project Delivery-A Working Definition [M]. AIA California Council, Sacramento, CA, 2007: 1-13.

[176] Luu D T, Ng S T, Chen S E. A case-based procurement advisory system for construction [J]. Advances in Engineering Software, 2003, 34(7): 429-438.

[177] Edkins A J, Smyth H J. Contractual management in PPP projects: evaluation of legal versus relational contracting for service delivery [J]. Journal of Professional Issues in Engineering Education and Practice, 2006, 132(1): 82-93.

[178] Knight D, Durham C, Locke E. The relationship of team goals, incentives, and

efficacy to strategic risk, tactical implementation, and performance [J]. Academy of Management Journal, 2001, 44(2): 326-338.

[179] Laan A, Voordijk H, Dewulf G. Reducing opportunistic behaviour through a project alliance [J]. International Journal of Managing Projects in Business, 2011, 4(4): 660-679.

[180] Windsor D. The role of dynamics in stakeholder thinking [J]. Journal of Business Ethics, 2011, 96(S1): 79-87.

[181] Chan A P, Chan A P. Key performance indicators for measuring construction success [J]. Benchmarking: An International Journal, 2004, 11(2): 203-221.

[182] Pereira E, Han S, Abourizk S, et al. Empirical testing for use of safety related measures at the organizational level to assess and control the on-site risk level [J]. Journal of Construction Engineering and Management, 2017, 143(6): 05017004.

[183] Taillandier F, Taillandier P, Tepeli E, et al. A multi-agent model to manage risks in construction project (SMACC) [J]. Automation in Construction, 2015, 58: 1-18.

[184] Morris P W G. Project Organizations: Structures for Mmanaging Change [M]. In: Kelley Albert J, editor, New Dimensions of Project Management, Arthur D. Little Program. Lexington, MA: D.C. Heath and Co, 1982.

[185] Padalkar M, Gopinath S. Six decades of project management research: Thematic trends and future opportunities [J]. International Journal of Project Management, 2016, 34(7): 1305-1321.

[186] Jamieson A, Morris P W G. Moving from Corporate Strategy to Project Strategy [M]. In: The Wiley Guide to Project, Program, and Portfolio Management, Hoboken, NJ: John Wiley & Sons, 2007: 34-62.

[187] Bowie N E. Book reviews-Stakeholder Theory: The State of the Art, by R. Edward Freeman, Jeffrey S. Harrison, Andrew C. Wicks, Bidhan L. Parmar, and Simone de Colle (New York: Cambridge University Press, 2010) [J]. Business Ethics Quarterly, 2012, 22(1): 179-185.

[188] Cornell B, Shapiro A C. Corporate stakeholders and corporate finance [J]. Financial Management, 1987, 16(1): 5-14.

[189] Fiske S T, Taylor S E. Social Cognition Reading [M]. MA: Addison-Wesley, 1984.

[190] Agle B R, Mitchell R K, Sonnenfeld J A. Who matters to CEOs? An investigation of stakeholder attributes and salience, corporate performance, and CEO values [J]. Academy of Management Journal, 1999, 42(5): 507-525.

[191] Aaltonen K, Jaakko K, Tuomas O. Stakeholder salience in global projects [J].

International Journal of Project Management, 2008, 26(5): 509-516.

[192] 莫力科, 陆绍凯. 工程项目的感知风险测量与管理投入的关系——对建筑企业的实证研究 [J]. 土木工程学报, 2011, (11): 128-133.

[193] Lawler E J, Thye S R. Bringing emotions into social exchange theory [J]. Annual Review of Sociology, 1999, 25(1): 217-244.

[194] Eccles R G. The quasifirm in the construction industry [J]. Journal of Economic Behavior and Organization, 1981, 2(4): 335-357.

[195] Emerson R. Power-dependence relations [J]. American Sociological Review, 1962, 27(1): 31-41.

[196] Gouldner A W. The norm of reciprocity: A preliminary statement [J]. American Sociological Review, 1960, 25(2): 161-178.

[197] Blau P. Exchange and Power in Social Life [M]. Hoboken, NJ: Wiley, 1964.

[198] Bosse D, Phillips R, Harrison J. Stakeholders, reciprocity, and firm performance [J]. Strategic Management Journal, 2009, 30: 447-456.

[199] Fehr E, Gächter S. Fairness and retaliation: The economics of reciprocity [J]. Journal of Economic Perspectives, 2000, 14(3): 159-181.

[200] Fassin Y. Stakeholder management, reciprocity and stakeholder responsibility [J]. Journal of Business Ethics, 2012, 109(1): 83-96.

[201] Loosemore M, McCarthy C S. Perceptions of contractual risk allocation in construction supply chains [J]. Journal of Professional Issues in Engineering Education and Practice, 2008, 134(1): 95-105.

[202] Ajzen I, Fishbein M. Attitude-behavior relations: A theoretical analysis and review of empirical research [J]. Psychological Bulletin, 1977, 84(5): 888-918.

[203] Petty R E, Brinol P. Attitude change [J]. Advanced Social Psychology: The State of the Science, 2010, 217-259.

[204] Chinyio E, Olomolaiye P. Construction Stakeholder Management [M]. London: Wiley-Blackwell, 2010.

[205] Steen R H. Five steps to resolving construction disputes—without litigation [J]. Journal of Management in Engineering, 1994, 10(4): 19-21.

[206] Fang D, Li M, Fong P S W, et al. Risks in Chinese construction market—Contractors' perspective [J]. Journal of Construction Engineering and Management, 2004, 130(6): 853-861.

[207] 杜亚灵, 胡雯拯, 尹贻林. 风险分担对工程项目管理绩效影响的实证研究 [J]. 管理

评论, 2014, 26(10): 46-55.

[208] 杜亚灵, 尹航. 工程项目中社会资本对合理风险分担的影响研究 [J]. 管理工程学报, 2015, 29(1): 135-142+148.

[209] Aibinu A A, Ling F Y Y, Ofori G. Structural equation modelling of organizational justice and cooperative behaviour in the construction project claims process: contractors' perspectives [J]. Construction Management and Economics, 2011, 29(5): 463-481.

[210] Cook K S, Yamagishi T, Cheshire C, et al. Trust building via risk taking: A cross-societal experiment [J]. Social Psychology Quarterly, 2005, 68(2): 121-142.

[211] Jin X H, Zhang G. Modelling optimal risk allocation in PPP projects using artificial neural networks [J]. International Journal of Project Management, 2011, 29(5): 591-603.

[212] Nasirzadeh F, Khanzadi M, Rezaie M. Dynamic modeling of the quantitative risk allocation in construction projects [J]. International Journal of Project Management, 2014, 32(3): 442-451.

[213] Liu S, Wang L. Understanding the impact of risks on performance in internal and outsourced information technology projects: The role of strategic importance [J]. International Journal of Project Management, 2014, 32(8): 1494-1510.

[214] 李金德. 中国版10项目大五人格量表（TIPI—C）的信效度检验 [J]. 中国健康心理学杂志, 2013, 21(11): 1688-1692.

[215] Nunnally J C, Bernstein I H. Psychometric Theory [M]. New York: McGraw-Hill, 1994.

[216] Qazi A, Quigley J, Dickson A, et al. Project complexity and risk management (ProCRiM): Towards modelling project complexity driven risk paths in construction projects [J]. International Journal of Project Management, 2016, 34(7): 1183-1198.

[217] Nunnally J O. Psychometric Theory [M]. New York: McGraw-Hill, 1978.

[218] Browne M W, Cudeck R. Alternative ways of assessing model fit [J]. Sociological Methods & Research, 1992, 21(2): 230-258.

[219] Hu L T, Bentler P M. Cutoff criteria for fit indexes in covariance structure analysis: Conventional criteria versus new alternatives [J]. Structural Equation Modeling: A Multidisciplinary Journal, 1999, 6(1): 1-55.

[220] Steiger J H. Structural model evaluation and modification: An interval estimation approach [J]. Multivariate Behavioral Research, 1990, 25(2): 173-180.

[221] Podsakoff P M, MacKenzie S B, Lee J Y, et al. Common method biases in behavioral

[221] (continued) research: a critical review of the literature and recommended remedies [J]. Journal of Applied Psychology, 2003, 88(5): 879-903.

[222] Becker T E. Potential problems in the statistical control of variables in organizational research: A qualitative analysis with recommendations [J]. Organizational Research Methods, 2005, 3(8): 274-289.

[223] Aragonés-Beltrán P, García-Melón M, Montesinos-Valera J. How to assess stakeholders' influence in project management? A proposal based on the Analytic Network Process [J]. International Journal of Project Management, 2017, 35(3): 451-462.

[224] Hillman A J, Keim G D. Shareholder value, stakeholder management, and social issues: What's the bottom line? [J]. Strategic Management Journal, 2001, 22(2): 125-139.

[225] Meng X. Key performance indicators-the latest international performance evaluation system for construction projects [J]. Construction Economics, 2007, 292(2); 50-52.

[226] Atkinson R. Project management: cost, time and quality, two best guesses and a phenomenon, its time to accept other success criteria [J]. International Journal of Project Management, 1999, 17(6): 337-342.

[227] 曹小琳, 韩冰. 工程项目管理目标系统的建立与控制 [J]. 重庆大学学报: 自然科学版, 2002, (7): 107-110+114.

[228] Frooman J. Stakeholder influence strategies [J]. Academy of Management Review, 1999, 24(2): 191-205.

[229] Goodstein J, Wicks A. Corporate and stakeholder responsibility: Making business ethics a two-way conversation [J]. Business Ethics Quarterly, 2007, 17(3): 375-398.

[230] Phillips R. Stakeholder theory and organization ethics [M]. San Francisco: Berrett-Koehler, 2003.

[231] 王雪青, 许树生, 徐志超. 项目组织中发包人风险分担对承包人行为的影响——承包人信任与被信任感的并行中介作用 [J]. 管理评论, 2017, 29(5); 131-142.

[232] Shen L Y, Wu G W, Ng C S. Risk assessment for construction joint ventures in China [J]. Journal of Construction Engineering and Management, 2001, 1(76): 76-81.

[233] Chuing Loo S, Abdul-Rahman H, Wang C. Managing external risks for international architectural, engineering, and construction (AEC) firms operating in Gulf Cooperation Council (GCC) states [J]. Project Management Journal, 2013, 44(5): 70-88.

[234] Bourne L. Project relationship management and the Stakeholder Circle [D]. Australia:

RMIT University, 2005.

[235] Johnson G, Scholes K. Exploring Corporate Strategy [M]. London: Prentice Hall Europe, 1999.

[236] Yang R J, Shen G Q. Framework for stakeholder management in construction projects [J]. Journal of Management in Engineering, 2015, 31(4): 04014064.

[237] Suchman M C. Managing legitimacy: Strategic and institutional approaches [J]. Academy of Management Review, 1995, 20(3): 571-610.

[238] Nguyen N H, Skitmore M, Wong J K W. Stakeholder impact analysis of infrastructure project management in developing countries: A study of perception of project managers in state owned engineering firms in Vietnam [J]. Construction Management and Economics, 2009, 27(11): 1129-1140.

[239] Winch G, Bonke S. Project stakeholder mapping: analyzing the interests of project stakeholders[M]. In: Slevin D P, Cleland D I, Pinto J K (Eds.), Frontiers of Project Management Research, Newton Square, Pennsylvania, USA: PMI, 2002: 385-405.

[240] James L R, Demaree R G, Wolf G. Estimating within-group interrater reliability with and without response bias [J]. Journal of Applied Psychology, 1984, 69 (1): 85-98.

[241] Cagno E, Caron F, Mancini M. A multi-dimensional analysis of major risks in complex projects [J]. Risk Management, 2007, 9: 1-18.

[242] Vidal L A, Marle F. A systems thinking approach for project vulnerability management [J]. Kybernetes, 2012, 41: 206-228.

[243] Cardenas I C, Halman J I M. Coping with uncertainty in environmental impact assessments: Open techniques [J]. Environmental Impact Assessment Review, 2016, 60: 24-39.

[244] Li T H, Ng S T, Skitmore M. Modeling multi-stakeholder multi-objective decisions during public participation in major infrastructure and construction projects: a decision rule approach [J]. Journal of Construction Engineering and Management, 2016b: 04015087.